蚶江對渡碑 新建蚶江海防官署碑記，是閩台移民史上的重要證物，其中有「蚶江為泉州總口，與台灣的鹿仔港對渡」的文字記載，開啓了一段鹿港的風華歲月（攝影：丁志達，2013）

鹿港風華再現 2012年台灣燈會在鹿港舉辦，熙熙攘攘的觀光客絡驛於途，帶來了「錢潮」，也帶了「繁榮」，但也破壞了古鎮的「寧靜」之美（攝影：丁志達，2012）

泉合利郊行 從清代中葉之後,泉合利郊行已隨鹿港的沒落而歇業,在埔頭街的十間並排的宅第前面銜接到大街,後面則通往鹿港溪,船舶卸貨後,由竹筏直接駛入其倉庫儲放(攝影:丁志達,2014)

八卦藻井 龍山寺前殿屋頂下裝置八角藻井(結網),層層斗栱集向頂心明鏡疊成,是台灣現存最古老,亦是跨距最大的藻井。藻井下設有戲台,具有演戲時共鳴的效果(攝影:丁志達,1980年代)

夜夜拍曲南管樂 以鹿港龍山寺為館址的「聚英社」，南管樂聲從龍山寺戲台的空間飄出，裊繞在廟裡，令人發思古之幽情（攝影：丁志達，1980年代）

龍山寺門神 民國73年，有鹿港活字典之稱的丁玉書七十大壽，全家人到尚未整修前的龍山寺拍照紀念（提供：丁志達，1984）

順風耳與千里眼 天后宮天上聖母二大將軍之一順風耳（右），手持斧，耳聽八方，其紅面獠牙的造型，有著驅邪止煞的意味；千里眼（左）手執戟，青面獠牙的雕法，眼觀四面，係泉州匠師的藝術傑作（攝影：丁志達，1980年代）

天降神兵 鹿港奉天宮供奉蘇府王爺，是天后宮媽祖出巡時的侍衛長，天將天兵為開路先鋒，負有監察善惡、辦理陰陽、罰惡賞善和判斷分明的職責（攝影：丁志達，1984）

地藏王廟 地藏王廟三川殿的三扇門,早年不輕易開正門與左門 (虎邊),只開右門(龍邊)供信徒進出。農曆七月初一當天卯 時就舉行開啟終年一向關閉的左門,表示「開鬼門」(放庵)的 意涵(攝影:丁志達,1980年代)

廟門前的小孩 鹿港寺廟 之多僅次於台南府城,街頭 巷尾到處都有廟宇,小孩走 累了,就地在附近廟前門檻 上休息片刻再出發(攝影: 丁志達,1978)

施進益古厝 施進益古厝位於大有里（暗街仔），為清嘉慶年間富商施淵舉興建，「施進益」為其商號名稱。前廳樓井欄杆，屏壁「卍」字窗櫺，挑簷之木做斗棋，古色古香，難得一見（攝影：丁志達，2013）

消失的挑糞佚 「世說鹿港人尚敢死，放屎欲換糯米。」此俚諺說出鹿港人所放糞便，猶可向來挑糞的農夫換取糯米，以便製作年節的龜、粿、粽（攝影：丁志達，1980年代）

十八嬸婆　她，生於清光緒十二年（1886），王道器長女王福氣，卒於民國71年（1982），身分證上的教育欄登記為「識字」，走過三個朝代，在丁家第二十一代的媳婦中排列第十八，「纏足」陪伴了她的一生歲月（攝影：丁伯銘，1979）

車衣的母親　她，施彩鸞，為補貼家用與孩子們的註冊費用，靠著她的一雙巧手替人縫製衣裳，補貼家用，把孩子們拉把長大，然後「駕返瑤池」（攝影：丁志達，1987）

陳埭丁氏宗祠 晉江陳埭的丁氏宗祠，是福建省內歷史最悠久、規模最宏大、保存最完整的回族祠堂（攝影：丁志達，2013）

意樓圓窗 意樓為慶昌古厝中的閩式閣樓，其中典雅古意的圓窗，是以古錢的圖案加上葫蘆形狀拼嵌而成，極具古樸之美（攝影：丁志達，1980年代）

結婚照 早年結婚是很隆重的一件大喜事，新娘迎娶後，先在家門口與公婆、女方貴賓、男方親戚一起合照留念（攝影：二我攝影社，1973）

殺蛇攤 在《野生動物保育法》未實施前，鹿港街上有殺蛇的攤販，傳說生吞蛇膽會明目，爲老人家最愛的「補品」（攝影：丁志達，1980年代）

吊籃專賣店 鹿港手工藝聞名於台,吊籃是由竹篾編製而成型,類似菜籃,在還沒有冰箱問市的年代,它是用來盛裝魚肉、飯菜的有蓋提籃,吊掛在樑柱上,以防貓兒偷吃(攝影:丁志達,1980年代)

賣零嘴的小販 有錢開店面,無錢擺地攤。地攤東西物美價廉,薄利多銷,純手工製造,是鹿港庶民購買零嘴的首選(攝影:丁志達,1980年代)

民族工藝師 木雕大師李松林（左），一生的歲月專心在木雕創作上，其作品之多、之美，鮮少有人能與之匹敵；彩繪燈籠大師吳敦厚（右），畢生製作過數萬個彩繪燈籠（攝影：丁志達，1980年代）

鹿港土埆屋 馬背型屋脊（箍頭），它的特徵是垂脊和正脊的銜接處成鼓狀凸起，土埆磚疊砌的牆面，表面再敷以石灰保護，冬暖夏涼（攝影：丁志達，1970年代）

烽火永息紀念碑 第二次世界大戰，盟軍B-29轟炸機投下五百磅炸彈於崎仔腳，致波及戲院樂觀園、媽祖廟後殿及宮后地區，在原址處乃勒石紀念（攝影：丁志達，2014）

泥娃娃藏玄機 這一對日據時代的玩偶「公仔」，嫁女兒時，其嫁妝中都會有一件這種象徵要如何「傳宗接代」的暗示性的圖片（玩偶的底部圖案），算是古早人的性教育教材（攝影：丁志達，2014）

出殯抬棺習俗　鹿港地區長輩過世後出殯，抬棺的人都是自己宗族裡的人，由十二至十六人輪流替換扛棺，繞街市後再葬於公墓（提供：丁志達，1981）

校外教學　民國68年作者（林專，右四）帶領著板橋重慶國中師生到鹿港校外教學，在媽祖廟後殿前合影留念，邱文彥（右一，第八屆立法委員）夫婦亦在此列（提供：林專，1979）

丁家古宅舊貌　丁家古厝在未修葺前的正廳門前，剝落的紅色油漆門扇與殘破的門聯，在夕陽斜照下，一位丁家的媳婦正穿過門檻，這華麗的蒼涼，已無可追尋（提供：丁志達，1987）

天后宮山門　天后宮前廣場（廟口）有三開間四柱重檐三川脊山門一座，鋪設石板地基，由此可看到天后宮的宏觀廟貌（攝影：丁志達，1984）

鹿港老人群　每日傍晚，夕陽斜照在新祖宮拜殿前，一群走過歲月的老人，在此聊天、沉思、發呆，正等待落日後回家吃晚餐（攝影：丁志達，1980年代）

走馬看花　鹿港書法風氣之盛，由大街小巷上各商號、民宅門聯之渾厚顏楷、端整隸書，以及寺廟、古蹟中高水準的名家書法可見一斑（攝影：丁志達，2012）

過節應景食品　鹿港人喜歡紅色，過年前要炊「發粿」、買「生仁」（糖衣包花生），期望新的一年「發財」、「生生不息」，外觀以紅色點綴，以討喜氣（攝影：丁志達，1980年代）

迎神賽會　俗稱：「看樂鬧」，指的就是迎神賽會時，街上總是人山人海看民間雜技表演，各寺廟的陣頭，由善男信女贊助活動經費（攝影：丁志達，1984）

古厝 斜陽
憶鹿港

丁志達、林專 著

國家圖書館出版品預行編目（CIP）資料

古厝斜陽憶鹿港 / 丁志達, 林專著. -- 初版.
-- 新北市：揚智文化, 2014.04
面；　公分.

ISBN 978-986-298-140-5（平裝）

1.人文地理　2.彰化縣鹿港鎮

733.9/121.9/143.4　　　　　　　103006382

古厝斜陽憶鹿港

作　　　者 / 丁志達、林專
出 版 者 / 揚智文化事業股份有限公司
發 行 人 / 葉忠賢
總 編 輯 / 閻富萍
特約執編 / 鄭美珠
地　　　址 / 22204 新北市深坑區北深路三段 260 號 8 樓
電　　　話 / (02)8662-6826
傳　　　真 / (02)2664-7633
網　　　址 / http://www.ycrc.com.tw
 E-mail / service@ycrc.com.tw
 I S B N / 978-986-298-140-5
初版一刷 / 2014 年 4 月
定　　　價 / 新台幣 350 元

序

回憶這東西若是有氣味的話，那就是樟腦的香，甜而穩
妥，像記得分明的快樂，甜而悵惘，像忘卻了的憂愁。

——《更衣記》·張愛玲

回憶是過去「浮光掠影」的印象記憶；當下是「眼前」周
遭事物的所見所聞；未來是「夢想」實現的里程碑。魯迅說：
「所謂回憶者，雖說可以使人歡欣，有時也不免使人寂寞，使
精神的絲縷還牽著已逝的寂寞的時光，又有什麼意味呢？而我
偏苦於不能全忘卻，這不能全忘的一部分，到現在便成了《吶
喊》的來由。」以同樣的心情，作者便以家鄉鹿港的童年回憶
片段，寫成《古厝斜陽憶鹿港》這本書。因為人生沒有彩排，
無法試演，每個人只能演這麼一次。所以，在美麗的花朵凋謝
前，聞一聞它的芳香吧！

在《陳之藩散文集：旅美小簡》一書中提到，在第二次
世界大戰後，有一本著名小說《鐘歸阿達諾》（*A Bell For
Adano*），形容阿達諾城經盟軍解放後的當地老百姓，對解放他
們的盟軍要求，不是麵包，而是那個城中被納粹搶走去築砲的
一口鐘，雖然炮火之餘，他們正在飢餓線上。

今天，遊客漫步在鹿港小鎮上，所見的古蹟、文物，能
看到的真不簡單。三百年的鹿港，古蹟、文物大部分早已毀於

天災、人禍：日據時代拆了「不見天街」；台灣光復前，鹿港又遭受到盟軍的轟炸（因有簡易機場），頹屋、斷瓦、殘石，遺址滿目瘡痍，被轟炸區在未復舊前，作者還有些許印象，像樂觀園戲院外牆上留有許多的彈孔，訴說鹿港老一輩的人都有「躲空襲」的記憶。小時候，作者在鹿港街上替母親買檳榔，包檳榔的紙袋竟是用善本書撕下來的紙張；鹿港神社亦隨著日本的戰敗，而將其地改建為鹿港中學的校地，可見現在還留下來、能看到的古文物是多麼珍貴啊！

　　本書寫作的架構，從「鹿港飛帆」起個頭，再鋪陳出「神氣活現」、「鹿港人家」、「前世今生」、「歡樂年華」、「民俗采風」和「飲食文化」共七篇三十二章記事。各章從史地背景，尋根探源，再以有趣的一則「動人小故事」來做結語，也就是說，本書提供了「老、中、青」三代的閱讀品味，讀者可以感受到一絲絲、一縷縷的鹿港懷古之旅的溫馨感。

　　作者的父親丁玉書，在鹿港鎮公所服務四十四年，退休後，他開始執筆撰寫了一本自傳體的《勿忘草·鹿港》，來記述他在鹿港生活歲月中所見所聞的「鹿港史」。這是一本記錄兩個朝代（日據、民國）的親身經歷的一手資料，因家屬限量自印送給親友做紀念，坊間無法看到這本書，因而作者在撰寫本書時，一些史料乃取自這本書或其老人家所留下的筆記。

　　民國六十九年至七十二年，另一作者林專，就讀國立師範大學地理學研究所，以「鹿港史地」為研究題材，因而在那幾年間，做過多次鹿港史地的田野調查，蒐集了一些鹿港地方文獻資料，這也是本書在史料取材方面「言之有物」的證據。

　　歷史可以鑑古知今，照片則可為那個已消失無影無蹤的年

代留下些許的見證。本書圖文並茂，有作者的父親留下珍貴的日據時代鹿港古風貌照片，作者在上世紀六○至八○年代所拍攝的鹿港人文、古蹟實景，以及近期又專程回到原鄉泉州去拍攝與蒐集與鹿港發展史上有關的圖文，以增加本書的可讀性、可看性。

　　小時候讀過賀知章的〈回鄉偶書〉：「少小離家老大回，鄉音無改鬢毛衰。兒童相見不相識，笑問客從何處來？」此時此刻，追憶兒時在鹿港的所見所聞，就好像電影的每一幕場景，浮現眼前，感觸良多，最後戛然而止。

　　本書承蒙揚智文化事業總經理葉忠賢允諾代為總經銷，閻總編輯富萍鼎力協助與指導，網羅了一群編輯菁英完成本書，謹致謝意與敬意。

　　本書付梓之際，適逢作者父親百年冥壽，謹以此書以為紀念，也為他老人家收藏的珍貴圖片找到「歸宿」。由於兩位作者的學識與經驗的侷限，本書疏誤之處在所難免，尚請方家不吝賜教是幸。

丁志達 謹識

目　錄

第一篇

鹿港飛帆

一、更莫繁華談二鹿

分明一曲訴辛酸，隔巷琵琶古調談；更莫繁華談二鹿，危樓斜對夕陽殘。

——九曲巷聞琵琶有作・鹿港詩人施文炳

鹿港，位在大武郡溪口，在清初以前是個河港，為濁水溪沖積扇上的一分流，故每遇濁水溪氾濫時深受其害。以當時航海船舶而言，港闊水深，是具河港兼備海港的機能。

從地理上來看，鹿港位居台灣中部海岸與福建的泉州、蚶江遙遙相對，往泉州、蚶江海路四百海里，水程九更（一日十二更），獺窟八更，順風一日可抵對岸，十二更可抵廈門。

文化層的鹿港期

用文化層的方法來研究某一區域的文化，是歷史地理學的新園地。史學家張其昀將台灣文化分為九期：澎湖、安平、台南、鹿港、淡水、台北、台中、基隆和高雄。

自清康熙二十二年（1683）台灣設府，以迄道光二十二年（1842）南京條約五口通商，共一百五十八年，稱爲鹿港期（第四期）。自乾隆四十九年（1784）鹿港正式開港，即開始了鹿港黃金時代，它上與艋舺（萬華），下與府城（台南），共扼台灣北、中、南三個沿海出入口。

水師汛駐防鹿仔港

康熙二十二年（1683），台灣入清版圖，當時清廷在討論台灣何去何從時，有人主張放棄台灣，施琅將軍說，台島關係江浙閩粵四省的要害，棄之必釀大禍，留之永固海疆，清廷因准所奏。翌年，建置台灣府，隸屬福建省。清廷爲防止台灣成爲海盜淵藪，採用施琅的建議，訂頒海上禁令三條，限制大陸船舶、人民來台，並設水師汛。

清末鹿港埠頭　鹿港川（日本人的稱謂）載貨帆船進港光景（提供：丁玉書）

施琅雕像 施琅是在清康熙年間率領海軍攻台，當時從湄洲媽祖廟帶來的黑面二媽，目前奉祀在鹿港天后宮（攝影：丁志達，2013）

一、欲渡船台灣省，先給原籍地方照單，經分巡台廈兵備道稽查，依台灣海防同知審驗批准，潛渡者嚴處。

二、渡台者不准攜帶家眷，業經渡台者，亦不得招致。

三、粵地屬為海盜淵藪，以積習未脫，禁其民渡台。

康熙三十四年（1695）高拱乾纂輯的《台灣府志》記載：「台灣水師左營經制額設……一、分防鹿仔港汛（系報部本營官兵輪防）：千把一員、步戰守兵五十五名，戰船一隻。」負責查驗船隻出入之職。

鹿港設正口

乾隆四十八年（1783）三月七日，福州將軍永德奏設鹿港正口疏，始略去「仔」字，而稱「鹿港」，唯至道光中葉，「鹿仔港」、「鹿港」並用。翌年，清廷乃准泉州府晉江縣屬

之蚶江口與台灣府彰化縣的鹿港設口開渡，是本省僅次於鹿耳門的第二個與大陸通商口岸。自此鹿港郊商雲集，商務發達，鹿港成爲中部地區的貨物集散中心，鹿港的繁華歲月也由此展開。

清兵登陸鹿港

乾隆五十一年（1786）林爽文事變，清廷派福康安征剿，兵船數百，俱由鹿港登陸。鹿港新祖宮原有一塊碑文「敕建天后宮碑記」記載：「勁旅十餘萬，於（乾隆）五十二年十月杪由崇武放洋。時際北風盛發，洪波浩湧，三軍聯檣數百艘，漫海東來，一日齊登鹿仔港口岸。」

乾隆六十年（1795），天地會餘黨陳周全起義，清廷以鹿港地位重要，乃將北陸理蕃同知兼鹿港海防移駐鹿港。在武員方面，將安平水師左營游擊一員移往鹿港，以加強原設水師汛。

鹿港風華年代

乾隆五十年（1785）後，台灣中部如土葛窟（大肚）、草港（伸港）、王宮（王功）、三林（番仔挖、芳苑）、海豐（濁水溪口）等港口均爲淤沙所塞，爲鹿港最稱便利，成爲中部對岸往來的門戶，市況繁榮，達到高峰。周璽編纂《彰化縣志》記載：「鹿港大街，街衢縱橫皆有，大街長三里許，泉、廈郊商居多，舟車輻輳，百貨充盈，台自郡城而外，各處貨

市，當以鹿港為最，港中街名甚多，總以鹿港街概之，距邑治二十里。」

不見飛帆海上來

嘉慶年間，港口淤塞，且有暗礁，凡由內地渡台的船隻，用西北風航行至港口後，須待西南風吹起，始能進入港口靠岸。最為不便的是，此一水道並無停泊處所，遇風向不對，船隻即須退回海中，是以船家視此航道為畏途，每每轉停泊南方四十海里附近五汊港。

《彰化縣志》（周璽編纂）記載：「彰化港口，以鹿港為正口，然沙汕時常淤塞，深則大船可入，淺惟小船得到。如王宮、番仔挖，遷徙無常。近日草港、大肚尾、五汊港等澳小船，遇風亦嘗寄泊；惟配運大船，則不能入耳，滄桑之變，類如斯夫。」由此可見，中部沿海各港淤塞之嚴重，河道遷徙無常，鹿港衰退將不能免。

清咸豐初年，濁水溪氾濫，借鹿港溪入海，河道乃日漸淤塞。咸豐十年（1860），清廷簽訂天津條約後，開放淡水、雞籠（基隆）、安平、打狗（高雄）四大港口准外國輪船通商，可惜當時鹿港港口淤淺，大船不能入港，因而貨物大多為南北諸港所取代，人口減少，商況不如其黃金時代。

光緒十四年（1888），清廷將鹿港同知裁撤，將南投縣丞移駐鹿港，名為「彰化縣鹿港分防縣丞」。據鹿港詩人洪月樵跋少作〈鹿港溪啓後〉記載，光緒十五年市況已漸趨向衰退，惟住戶有六千百餘戶，時雖零替之餘，尚富承平之氣；萬貨無

徵，百川不禁。

日據時代的鹿港

　　光緒二十一年（1895）四月十七日，清廷依簽訂的馬關
條約，將台、澎割讓日本。翌年（明治二十九年），日人即設
淡水稅關鹿港出張所，掌管鹿港港務，暫訂鹿港為特別輸出入
港，於是鹿港仍然保持與大陸貿易的密切關係。

　　明治三十一年（1896）八月六日，一個向西北侵襲的強烈
颱風帶來洪水壅塞了鹿港港口，沖西港又告淤塞，於是在鹿港
郊外的洋仔厝溪下游選定了新港，定名為「福隆港」，水深滿
潮十五公尺，退潮時則無水，所以帆船只能趁著滿潮時進港，
再靠竹筏沿鹿港溪運送貨物，經過鹿港女子公學校（今洛津國

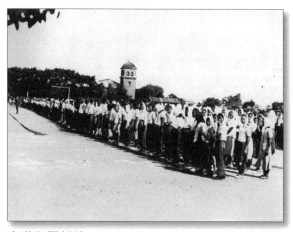

鹿港海關望樓　日據時代家庭防空隊在鹿港第二公
學校操場舉行防空演習，遠景是鹿港海（稅）關望樓
（監視船隻出入港情形）（提供：丁玉書）

小）南面的水道，再停泊在鹿港市場後面上下貨物。

滄海變鹽田

　　而後鹿港港口年年淤塞，船隻出入逐漸減少，至昭和十二年（1937）中日戰爭爆發，鹿港與大陸貿易完全斷絕。日本政府為謀鹿港的地方發展，配合沿海淤淺的沙地，闢為鹽田，但地理條件的限制，無功而作罷。鹽工、碼頭工失業，人口只好外移。台灣西部的運輸大動脈縱貫鐵路自明治三十一年（1898）興工，歷經十年，於明治四十一年（1908）四月通車，鐵路未經過鹿港，使鹿港失去了以往交通輻輳的重要地位，遂逐漸由一個繁華的商港變成小漁港，嚴重威脅著鹿港經濟的發展。

築港是吾人的生命　昭和十一年三月十五日，鹿港漁港築港促進街民大會，以「築港是吾人的生命」為訴求重點（提供：丁玉書，1936）

鹿港詩人洪月樵在其〈鹿港乘桴記〉文章中，描述鹿港衰敗的情景如下：

> 人煙猶是，而蕭條矣；邑里猶是，而沉寥矣。海天蒼蒼、海水茫茫，去之五里，涸為鹽場，萬瓦如甃、長堤如隍，無懋遷、無利涉；望之黯然可傷者，今之鹿港也。

築港夢滅斷生涯

台灣光復初期，鹿港曾一度恢復兩岸通商，不久港口又淤塞。民國三十八年國民政府撤退遷台，百廢待舉，港口復興之望乃擱置。民國四十八年八七水災重創台灣中南部，鹿港擴大築港的計畫從此破滅，鹿港終於退出了以港口為生的工具。

2012年鹿港榮登「台灣十大觀光小城」之一，從沒落的海港，一躍成為觀光的古鎮，台灣俗諺說：「有時星光，有時月光。」又說：「圓的會扁，扁的會圓。」鹿港數百年的興衰榮枯，似乎已印證了世事多變幻、風水輪流轉的道理。

鹿港地名的故事

鹿港在明末鄭氏時代就由漢人所開闢，當成船舶停泊以及登陸的地點。雍正年間，中部從現在的頂厝起，北部則到現在的海埔厝一帶，由閩省漳州人許祐德所開墾完成，是故，剛開始沿用「許厝埔」的地名。到了乾隆初年，北界的草港及東界

的馬明山（今秀水鄉馬鳴山）都建庄。

「鹿港」一向稱爲「鹿仔港」，《彰化縣志》如此記載：「以鹿仔港爲港名，而以鹿港爲街名。」在全盛時代人口總數十萬之衆。巴塞赫族稱鹿港爲Kokau-an，據說跟琉球Riukiu的地名有關係。一般人的說法是：鹿港的地形像一隻鹿，故名。

鹿港海邊 民國七十一年鹿港天后宮謁祖（湄洲媽祖）六十週年，因戒嚴時期，只能在鹿港海邊舉行「掛水香活動」，迎神的陣頭沿著鹿港海邊堤岸前進（攝影：丁志達，1982）

二、天蓋相連曲巷通

方磚鋪遍滿地紅，天蓋相連曲巷通。郎住新興儂大有，往來恰似一家中。

——〈鹿江竹枝詞〉·鹿港詩人莊太岳

鹿港為本省僅存最完整之古老市鎮之一，其中最可貴的是在清乾隆年間開港鼎盛時期所留下來的古老舊街，成為研究歷史、建築、居民文化等各領域人士渴望探討的對象。當年鹿港並未築防禦城牆，街市主要沿著溪岸平行發展，形成傳統的商業型態長條形聚落，其中以貫穿整個鹿港街市的大街（五福街）最熱鬧，更以特殊的「不見天街」（現今的中山路）著稱。

憤怒的老屋

電影《揚子江風雲》曾獲得第七屆（民國五十八年）臺灣金馬獎最佳劇情片獎、最佳男主角、女主角及男配角獎。它的

不見天街原貌 日人的宣傳是全台唯一的古典街即將更新為新市街的舊貌（提供：丁玉書）

外景就在鹿港拍攝。鹿港九曲巷成為「巷戰」的「活道具」，內景則向玉珍齋斜對面，有三層樓井、結構宏偉的老商號「元昌行」借用。

　　影片在拍攝期間，導演李翰祥曾與屋主訂下契約，不損壞或改變屋內狀況。待拍完戲後，老屋頂被踩壞多處，一遇下雨天，就漏雨不止，難以修治。這經歷使得元昌行的主人大為憤怒，再也不允許借用拍戲之用。這是台灣光復後，以古蹟場景借電影拍攝作「城市推銷」的失敗案例。

拍歷史劇布景 上世紀六〇年代的
鹿港街景最適合拍歷史古裝劇的活
道具，二位老人（右陳顯，左王福
氣）到搭建在板店街附近的監利城
門前合照（提供：丁志申）

天蓋相連曲巷通

　　鹿港，以泉州移民最多，鎮上早期的「都市計畫」，皆仿
效泉州府建築風貌。泉州有地名「菜園」、「街尾」，鹿港也
有這個地名；泉州有條「不見天街」，鹿港也不例外。

　　當年鹿港與大陸通商，貿易往來頻繁，巨賈富商接踵聚居
此地，為避免「九降風」與海盜、土匪的侵襲（害），從天后
宮口、菜市頭、崎仔腳、五福街（順興街、福興街、合興街、

泰興街、長興街）至板店街，迤邐長達一公里多的街道，兩旁
屋頂櫛次鱗比，蓋住了街路，但方磚鋪遍滿地紅，美景如畫。

不見天街的舊貌

白天，街上的小孩在屋頂上嬉戲玩耍，而屋頂下商賈、行
人熙熙攘攘，在街上可買到從出生到死亡所需要的各種物品，
也由於不見天的蓋頂，免去了路人的日曬雨淋。

清光緒年間，鹿港詩人洪月樵在其〈鹿港乘桴記〉文章
中，曾描述鹿港不見天街的街景盛況如下：

> 樓閣萬家，街衢對峙，有亭翼然。亙二、三里，直如弦、
> 平如砥，暑行不汗身、雨行不濡履。一水通津，出海之
> 涘，估帆葉葉，潮汐下上，去來如龍，貨舶相望；而店前
> 可以驅車、店後可以繫榜者，昔之鹿港也。

市區改正的鹿港

明治三十二年（1899），台北城實施市區計畫，成為台灣
都市計畫的濫觴。「市區改正」是日人在早期改造台灣傳統城
鎮的手法，使得台灣傳統建築有的全部遭到拆除，有的則是部
分拆除，部分保留舊風貌。昭和八年（1933），鹿港五福街被
日人以拓寬馬路為由而拆了，幸運的，九曲巷弄卻被保留下來
了。

拆屋街景 從高處遠眺鹿港街拆除工程進行的情形，左前方為公會堂屋頂（提供：丁玉書）

拓寬後的街景 不見天街拆除後，黑色轎車可駛入市街內，電線桿也豎立起來了（提供：丁玉書）

在鹿港流傳下來的一句俚語：「鹿港市政欲改正，車頭拆到媽祖宮。」就是描述日人拆除不見天街這件事。今日的中山路，西式浮雕的門面裝飾與亭仔腳，就是清朝時期的不見天街遺址，經「市區改正」後的新貌。

庭院深深深幾許

鹿港市屋建築的迷人之處，在於它的古樸、雅致與隔扇木窗間所散發出的藝術美感。鹿港的市屋為增加第一進的深度，常合三脊為一屋。第一脊為一層，二、三脊為二層，第二脊約二層高，利用一、二脊之高差，納日光於正堂，為極富有創意又有多空間變化的典型設計。

多院式仍以三落二院為多，第一落依次為店、堂、室的安排。堂祀關帝爺，室為儲藏，或為店主人設榻之處。第二落

爲前廳堂、後室（住所）的格局，廳堂設祖先排位，室爲主人
的臥房。第三落亦有前堂、後室格局，奉祀佛祖神明，室爲長
輩臥房。院落中一側有走廊，設灶爲廚房，後二落均有樓，類
似合院廂房，一路走進去，包括貨倉及居住房間，越到裡頭住
屋，越遠離市囂，幽靜而有隱私性。

　　長條型市屋的建材，通常以木、磚、石爲主，大多來自唐
山。目前偶爾可見的景觀是：兩側斑剝的木門虛掩，在陽光映
照下，呈現出明暗的光影；大門兩側的春聯，經風吹、日曬、
雨淋，紅紙剝落，色澤盡褪，墨蹟卻依舊清晰；磚牆或木窗上
的雕花繁複，變化多端，巧思奇技，令人神往不已。

街屋立面

　　現在鹿港街屋的立面的外觀，係肇因於昭和九年（1934）
公告實施的「鹿港街市區計畫」，拆除了大部分第一進部分的
街屋，重新建造街屋立面，在風格上以採取日據後期的現代主
義風格（Art Deco），應用了幾何化的裝飾圖案，折角、退縮與
放射狀的立面與造型處理，形成了一種新的街屋風格。

　　街屋立面的特色爲：臥樑大量使用；立面開口較爲自由；
屋頂砌女兒牆，不做出牆，其女兒牆高不得高過三尺；採用鋼
筋混凝土建材，樓板出排，形成陽台；牆面採用洗石子，並以
工作線分割，形成仿石堆。

　　構造材料上多採用鋼筋混凝土，表面材料以洗石子或貼淺
色面磚，高度多爲二至三層樓，一樓部分爲退縮騎樓，二樓或
三樓有些設置陽台，但深度頗淺，頂層的女兒牆，除少數仍有

較複雜的山牆外，皆為簡單的水平形式，裝飾極少。

三不見傳奇故事

　　昔日人們稱鹿港有「三不見」，一則因為鹿港通商生意興隆，商店大街（五福街）的街頂都加上了磚瓦的天蓋，行人免去了日曬雨淋之苦的「看不見天」都市景觀：二則因為鹿港經濟帶動建設，道路更是「方磚鋪遍滿地紅」，所以「看不見地」；最後則是鹿港早期的居民都是由大陸泉州三邑（晉江、南安和惠安）移民而來，女人承襲裹小腳（纏足）的傳統，足不出戶（出門坐轎子），平日則登上屋頂上曬衣服，與鄰居話家常，所以街上「看不見女人」，這便是鹿港的傳奇中的一項奇景。

纏足的鹿港老人　曾住過不見天街屋的纏足老人（王福氣），站在拍攝古裝戲搭建的城門前，後方是穿著拖鞋，推著車沿街叫賣的小販（提供：丁志申）

三、盛概猶然話八郊

> 轉眼繁華等水泡，謾將前事語詨詨；大街今日堪馳馬，盛概猶然話八郊。

> ——〈鹿江竹枝詞〉·鹿港詩人莊太岳

　　鹿港丁家舊協源的廳堂神明桌上，供奉著有一尊土地公，祂是一尊有來歷的神像。作者二伯父丁瑤池娶了鹿港當時籤郊（雜貨）聯昌棧富商的女兒，在鹿港港口未淤塞時，貨源充裕，批發、零賣生意興隆通四海。奈何，鹿港港口淤塞了，已無貨源可買賣，只好歇業，祖厝易主，黃家子弟紛紛到外地謀生，變成「鹿僑」，而黃家所供奉的土地公，只好由作者的二伯母黃甘恭請到丁家廳堂來朝夕點香祈福。

鹿港「郊」的成立

　　連雅堂撰《台灣語典·卷一》釋「郊」的意義說：「為商人公會之名。共祀一神，以時集議；內以聯絡同業，外以交接

獅頭山旅遊　民國四十四年鹿港成衣廠舉辦員工一日遊，一半員工都是童工（第三排站著左三丁少和），以車衣工錢補貼家用，其母親是寡婦（提供：丁少和，1955）

別途，猶今之商會也。」「郊行」在台灣經濟發展史上，或地方開拓史上，占有非常重要的一環，尤其鹿港的「八郊」，參與鹿港地方的開發，功不可沒。

　　泉郊與廈郊，是鹿港最早成立的郊商組織。在清乾隆四十年（1775）鹿港地方士紳倡議成立「敬義園」時，泉、廈郊商即響應捐資，說明泉、廈兩郊是鹿港最早成立的郊商。

　　有關鹿港「郊」的文獻紀錄，嘉慶二十年（1815）重修威靈廟（厲壇），有「威靈顯赫」木匾，下署：「鹿港八郊　敬立」，為「八郊」之稱，始見於文物上。次年，鄭捧日撰「重修鹿溪聖母宮碑記」（嘉慶丙子二十一年臘月立，目前該碑鑲在鹿港天后宮牆面上），碑末題有八郊名稱為：

　　泉郊金長順、廈郊金振順、籤郊金長益、油郊金洪福、糖

金長利陣頭 民國壬戌（1982）、甲子年（1984），鹿港
天后宮湄洲媽祖謁祖活動隊伍，頭香由泉郊金長利福德正神
領頭，證明八郊還是主導祭祀活動的主角，可見一斑（攝
影：丁志達，1984）

郊金永興、布郊金振萬、染郊金合順、南郊金振益。

　　鹿港之行郊皆內地殷實商戶出貨、遣夥來鹿港，以舟楫運
載米、栗、糖、油販賣至大陸各地，獲取利潤，並且也掌握了
排解船務糾紛，調停分類械鬥，進而主持廟會事宜。

郊商經營項目

　　郊，可分為兩類，一類是外郊，對同一地區從事進出口貿
易、批發的商號所組成，如泉郊、廈郊、南郊等。另一類為內
郊，經營同性質商品的商號所組成者，如糖郊、簌郊、油郊、
布郊及染郊等。

　　「泉郊」的規模最大，以進口石材、木材、藥材、絲布、

白布爲大宗，與泉州地區貿易；「廈郊」輸出米、糖，輸入杉木、布衣、紙捆等，主要與廈門、金門、漳州地區貿易；「南郊」多輸入鹹魚類、雜貨等，與廣東、澎湖及南洋等地貿易；「布郊」以布料的貿易爲主；「糖郊」將糖輸往寧波、上海、煙台、天津等地；「簸郊」爲日用雜貨（南北貨）的貿易；「油郊」輸出花生油、麻油等；「染郊」爲染布商家的貿易。

頂到通霄　下到瑯嶠

「頂到通霄（苗栗的古稱），下到瑯嶠（恆春的古稱）」這句諺語，說明了鹿港行郊的全盛時期對島內貿易所及之地。此外，淡水、台北設有「鹿郊」，專門從事與鹿港之貿易。依據大正十一年（1922）《鹿港街役場檔案》記載：「港口帆檣林立，白帆輕驅海風，人皆輕衣瘦馬，富商林日茂爲首，資產算十萬者達百家，商賈櫛比，……，公共事業皆由八郊處理，文化實冠於全台。」這就是古老的鹿港，兩百年前「鹿港飛帆」蹤影的鎏金歲月的見證。

《彰化縣志》記述著：「鹿港街衢縱橫，皆有大街，泉廈郊商居多，舟車輻輳，百貨充盈，台自群成外，各處貨市當以鹿港爲最。」可以想像當年鹿港街鎮的繁華盛景，盛極一時。

海疆領袖（泉郊）

鹿港之行郊，最初創設者爲當推泉郊。泉郊主要係與泉州地區貿易，其大宗之進口貨爲石材、木材、絲布、白布、藥

泉郊會館　八郊之首，在中山路233號的外牆上仍然可以看見「泉郊會館」的招牌，但店面已出租（攝影：丁志達）

材等。在清道光、咸豐年間最盛時期，泉郊所屬商號達二百餘家，其主要商號有日茂行、萬合行、盛隆行、泉合利、黃金源、永茂行、蘇源順、長發行、施謙利、謙和行、隆興行、泉勝行、益源行等，素有「海疆領袖」之稱。

鹿港熱鬧之街市為米市街（街道拓寬後易名「美市街」）、魚脯街、杉行街、金盛巷（銀樓錢莊業）等，賈商絡驛於途，執全台商業之牛耳。

清代設郊之目的，除共謀同業間之利益外，並充為街民自治之協議所，聘請地方有識人士裁判訴訟，或懲戒不法商人，維持風紀，或鳩資修廟，輪流主持廟宇之祭典等從事公益事業。

從昭和十三年（1938）起，泉郊就已轉型為慈善機構，

不再從事商務。往昔八郊的組織，則僅在現在鹿港天后宮的祭典時，依舊例由八郊輪流當爐主，主持每年媽祖誕辰的祭典而已。

鹿港郊商行號

根據大正十一年《鹿港街役場史料調查檔案：鹿港沿革》記載：「乾隆五十年至道光末年為鹿港貿易商之黃金時代，港口帆檣林立，白帆輕驅海風，人皆輕衣馬肥，豪商日茂行為首，資產算十萬者百家，商賈櫛比，而貧富之懸隔甚少，糊十萬之民而有肩摩轂擊，……，婢奴不絕跡，住民鼓腹，其手指不知所措，公共事業由八郊處理文化文物，泉郊會館為八郊聯誼會之首席郊。」當時鹿港街商行較著名的有大和行（辜顯榮）、合和行（施來）、謙和行（許金木），以及黃慶源（黃永）、德和行（黃氏，後改投資紡織業）、東成行（李氏）、李振和行（苧麻商）、慶昌行（陳堯）、泉合利（王君年）、周合順（周清水）、頂復豐行（黃廷）、泉勝行（歐陽鼻，書法名家歐陽錦華之父，現址為全忠旅社）等。

郊商的沒落

鹿港商業的沒落是有跡可尋的，其主因是濁水溪氾濫，以致港口淤塞，加上台島經濟中心北移，最後再遇上清廷割台的馬關條約，使得鹿港郊商全盤瓦解，現在僅留下數處遺跡可尋其八郊繁華的風貌，如埔頭街的泉合利行的豪華店鋪建築，默

廈郊遺址　大正九年，鹿港街長陳懷澄將廈郊所興建的萬春宮及廈郊會館拆除，興建鹿港公會堂（攝影：丁志達，1980年代）

默無語的訴說著鹿港八郊興衰的見證，供遊客追憶當年繁華一時的盛況。

　　鹿港詩人洪棄生撰《寄鶴齋駢文集》中記載：「跋少作『鹿港溪啓』後，是溪自改隸後不治，十年來淤作平地，水從烏魚寮缺口出海；亦鹿港之滄桑也。故跋。」

　　鹿港海濱既成海埔新生地，再加以日本陸軍（戎馬）、海軍（舟鮫）的封鎖與防禦海岸線，江浙閩粵之貨物遂不復來，而日人控制海關，對大陸之貨物加重其稅例，以利日貨的傾銷，鹿港八郊非趨於絕路不可。

　　日人據台初期（明治中葉），廈郊首先瓦解倒閉，其會館王宮（埔頭街南靖宮旁），日人初置郵便局，昭和四年（1929）將此址改建爲「公會堂」。繼之，糖郊亦倒閉。

施錦玉香舖 莊太岳的詩作：「一年
佳節屬端陽，時品爭誇錦玉香。十八
子兼烏五漢，人人胸際掛郎當。」指
的就是「施錦玉」香舖當時製作的佩
戴香包，遠近馳名（提供：丁玉書）

一則商道的故事

　　曾經有一外地人到鹿港，在中山路上看到一家雜貨店門
邊掛著成串的「草鞋」在賣，她被這草鞋的式樣迷住了，立刻
有買下來的衝動，可是店主人堅持不賣，讓這位外地人大惑不
解，有東西不賣人，您說奇怪不奇怪。等到她問清楚原因後，
恍然大悟，原來鹿港人家的家中有人死亡出殯時，近親都有穿
草鞋送葬的習俗，穿過後要燒掉，怪不得老闆不賣給她帶回去
做紀念品，這也是現在鹿港人做生意還保有八郊商人的遺風：
「取之有道」。

四、萬善同歸移民淚

　　烏魚寮口晨光浴，敬義園中野興添。碑謁摩挲今昔感，舊時古渡化閭閻。

——古渡尋碑・鹿港詩人王清渠

　　鹿港有一句罵人的俗諺：「汝這個人做大誌，好像萬善同歸。」其涵意是說：「你這個人做事慢吞吞，一點效率都沒有。」「萬善同歸」（無嗣陰光）是收埋、祭祀一些無主祭拜的遊魂野鬼的枯骨所在地，每年農曆七月普渡是為這些「好兄弟」（孤魂）而準備的饗宴，一個月內天天都有得吃、有得喝。

篳路藍縷　以啟山林

　　漫步在鹿港的曲折巷弄，屢見「有應公」、「應靈祠」的小祠廟，祠廟前僅有一條紅布披掛著，書寫著四個大字：「有求必應」，小祠廟內沒有神像，只有一塊石頭或磚頭，上面寫（刻）著「有應公」（百姓公／媽神位、應靈公香位），在桌

前則放置一個小香爐，插著幾根「香腳莢（燒過的香炷）」，祠廟內放置了一罈罈的甕（金斗），內盛裝著全是早期先民的無主枯骨，但祠內現已無骨灰罈，沒有以前陰森的感覺，反而都了一層保佑「中樂透」的祈願心願。

　　三百多年前，台灣孤懸海中，島內蠻煙瘴氣，鹿仔港初興，閩、粵移民蜂擁而至，有因水土不合，或因慘遭瘟疫，死亡枕藉；當時原住民（古稱「番民」）和漢人混合雜居，而番民凶悍，漢人時常遇害，被割首級，屍體被棄於曠野荒地；而且初來開墾的移民，都不准攜家帶眷，他們都是單身漢（俗稱「羅漢腳」），因此導致屍體遍野，無人收拾，無人祭祀，任風吹日曬，悽慘之情，令人鼻酸。

　　台灣颱風又多，經大水或洪水沖擊，遺骸容易曝露，因此枯骨四散各地，當人們看見枯骨時，不免會發生惻隱之心，也會發生恐怖之情，特別是沒有親屬埋葬，枯骨遺棄四處，既無人奉祀，就成為孤魂野鬼，會在人間作祟，乃由當地士紳募款或提供土地，興建義塚或祠廟作為納骨寶地，將這些無祀的骸骨收拾，集中奉祀。

敬義園的創立

　　清乾隆四十年（1775），鹿仔港巡檢王坦與幕賓浙江紹興魏子鳴倡議，得數百金，後又得鹿港當時首富林振嵩（日茂行）及泉、廈郊戶捐資，鳩金三千有奇。在乾隆四十二年（1777），取名「敬義園」，建置旱園，充為義塚，創立有清一朝，由民間創設，最具規模，功德最大的慈善團體。

　　租稅總計年收入二百六十餘圓，充當施棺木、拾字紙、收遺骸、修橋樑、平道路，濟貧病、救水災的公益事業。魏子鳴心願已了，特在乾隆四十二年勒石「鹿港敬義園碑」，以茲紀念，可惜原碑已找不到。

重興敬義園捐題碑記

　　鹿仔港自乾隆四十九年（1784）開為正口後，台灣中部地區往返內陸者，均以鹿仔港作為出入港口，來台移民歸葬原鄉的棺柩，亦由鹿仔港進出，於是鹿仔港一地，必須有多處可停放棺柩的場所及義塚的設置。

　　鹿港地藏王廟內有一塊嘉慶二十三年（1818）「重興敬義園捐題碑記」，碑文記載有清一代，鹿港各郊商所捐款的記

日本人墳墓群　　葬在崙仔頂（今埔崙里）公墓上的日人墳墓，在光復後由鎮公所僱工清塚（提供：丁玉書，右一，1961）

錄,如泉郊、廈郊、布郊等,總共捐金二千餘圓。敬義園所設置的義塚,即原鹿港鎮第二公墓(今勞工運動公園),舊稱「崙仔頂塚」(舊塚)。

義濟會的成立

敬義園因早年貲產雄厚,從事社會公義卓有成效。然自道光以後,鹿港八郊沒落,敬義園的慈善事業亦隨之衰退。日據時代,人事更替,管理不周,財產被侵,救濟事業日漸式微。據日人所刊《台灣社會事業史》記載,至光緒年間,敬義園除義塚事業外,尚有房舍約值三千日圓,現金四千日圓,及其他資產合計約一萬日圓,乃與博濟會、方面委員事業助成會合併,以敬義園之「義」,博濟會之「濟」,方面委員事業助成會之「會」,合而名為「義濟會」。

昭和七年(1932)四月二十七日登記為「財團法人鹿港義濟會」,同年十一月以指令第二九七四號核准立案。第一屆以彰化郡守佐藤房吉為理事長,鹿港街長吉田秀治郎為副理事長,成立已一百五十餘年的鹿港敬義園終於落幕。

鹿港敬義園記念碑

昭和十一年(1936),鹿港地方士紳為恐先賢的事蹟功德年久湮滅,乃請鹿港碩儒許逸漁撰文,義濟會勒碑「鹿港敬義園記念碑」,它屬紀事、頌德的碑記。

立碑之地,昔日係港中一浮嶼,中隔鹿港溪與鹿港街市相

鹿港敬義園記念碑 昭和十一年設置「敬義園記念碑」
於鹿港女子公學校（洛津國小）前（提供：丁玉書）

對，為清代碼頭，並有虹橋相銜接，橋名「黑貓橋」，嶼上原
有木城一座，除住所之外兼辦稅收，並負海防之責，當時船舶
停靠卸貨，千檣林立，蔚為大觀，後因流沙壅塞，遂於內陸連
接，僅剩捕捉烏魚漁船的棲泊之處，故有「烏魚寮」之稱。

　　舊港淤淺，港口移至沖西，該地遂成荒蕪，林投叢生，鳥
鷺棲息。有人欲墾殖為耕地，便縱火焚林，大火竄起，群鳥奔
飛，悲鳴不已，敬義園主乃糾眾滅火，火熄之後，群鳥飛鳴，
聲似「感其救！」、「感其救！」，一連三日，鎮人驚異，公
認該處為「佳穴」，乃紛遷徙其祖塋於斯地。

　　日據時代，將此處墳塚遷移他處，設鹿港女子公學校（現
為洛津國小校址），校前有一處「有應公祠」，收納無人認領
骨骸。台灣光復後，鹿港鎮公所把校前的空地開闢為綠地（現
址「鹿港公園」），敬義園記念碑即座落在鹿港公園內一隅，

石碑正面陽刻題字「敬義園記念碑」、背面陰刻爲浯江許逸漁拜撰、施學崧拜書，現已登錄爲歷史建築。

如今遊人躑躅園區，追憶鹿港往昔之繁華，千檣已渺，高樓櫛比，滄海桑田，令人感喟，剔蘚讀碑，緬懷先賢功德，對鹿港敬義園從造橋鋪路，到設塚收埋無主遺骸的種種善行義舉，以及先民對鹿港的貢獻與餘德，堪爲早期公益事業之典範，發人深省。

慘絕人寰的故事

台灣光復後不久，國軍從大陸撤退台灣，這一片土地（鹿港公園，烏魚寮）就曾被搭建軍營，供國軍暫住，在那段期間，卻發生了一件一位軍人愛上了附近的一位姑娘，但是在當年保守的鹿港民風下，要女兒嫁給「外省人」是不可能的事，因而「命案」發生了，女主角被刺刀刺死在家中。後來，命案男主角則被判處死刑，槍斃才平息民怨，其命案的現場就在作者舅舅住家的附近，還是小孩的作者，也曾擠在人群中湊熱鬧，天真、無邪，不怕夜晚作惡夢。

昭和十六年八月十四日八旬榮帨記念撮影

烏魚寮施家　敬義園記念碑旁有一幢施氏人家的日式
建築。昭和十六年,施與夫人施林引(中排右六)慶祝
八旬誕辰家族合照。施彩鸞(後排左四)、施連治(左
五,鹿港女子公學校第一屆畢業生)、施富(左六)、
施安(左七);中排黃過(右四)、陳顯(右五);丁少
華(前排左二);相框內爲X光名醫施焜山(留日未歸)
(提供:施彩鸞,1941)

烏魚寮的小女孩　烏魚寮大戶
人家施心田的女兒施萱姬,穿著
日式童裝在其六叔(施景星)家
的庭院前拍照(提供:施彩鸞,
1930年代)

五、古蹟維護要趁早

彰化縣鹿港鎮公所感謝狀

鹿鎮圖字第0980102907號

　　承蒙丁志達先生轉贈丁玉書所珍藏〈鹿港第一任鎮長丁瑞彬先生墨寶一幅〉、〈黃天素大師對聯一對〉、〈鹿港神社落成紀念盤子一只〉等資料及文物，不惟充實鹿港鎮史館館藏，且對提振文史風氣，意義非凡，仁義之舉，至為感荷，謹頒此狀，以申表彰與謝忱。

　　特此致謝

鹿港鎮長　王惠美

中華民國九十八年五月五日

　　台灣地區的古蹟，在先天「不足」的自然環境與後人「失調」的人為因素下，幾乎很難發現一處完整保存先民初創時的原貌。民國一○二年四月六日晚間，台南孔廟一棵六十年的老榕樹，不堪一場風雨的侵襲而傾倒，壓壞了三百歲一級古蹟孔廟東側「禮門」的樑柱斷裂，燕尾毀損，屋瓦破碎，頗為可惜。

古蹟概念

　　古蹟，係指古建築物、遺址及其他文化遺跡，是先民發展奮鬥過程中所留下來的軌跡，它包括城郭、關塞、街市、宮殿、衙署、書院、宅地、寺塔、祠廟、牌坊、陵墓、堤閘、橋樑及其他建築物。從這些古蹟中，我們可以獲悉先民的社會、政治、經濟、軍事或文化背景，鑑古才能知今，進而蠡測未來。

　　台灣文化傳自中原，經過先民蓽路藍縷，以啓山林的墾荒、異族的入侵和統治，在加上台灣光復後經濟發展的快速現代化建設，台灣地區所遺存的古蹟已不多見，再加上都市發展，土地飆漲，子孫「賣祖產、換現金」屢見不鮮。例如，板橋林家大宅，現在一半祖產已改大廈販售，另一半捐地成立

霧峰萊園　光緒二十一年（1895）台灣割讓日本，霧峰林文欽（林獻堂父親）爲娛親而闢建的萊園（提供：丁玉書）

「板橋林家花園」，已無法看到完整呈現「古宅」的風貌。

《裨海紀遊》

　　台灣位在環太平洋地震帶西側的中心，是一個具有地槽和島弧雙重地質背景的島嶼，是造山運動最活躍的地區，這可以從目前台灣不斷發生幅度大小不一的地震，以及伴之而造成的活斷層得到證明。震災所導致的災害，不亞於風災與水災。早期的建築物，以木造、土石為建材，耐震力不夠，易遭損毀。

　　康熙三十六年（1697）郁永河自福建來台，由台南登陸再往到北投採取硫黃，《裨海紀遊》記載著對颱風的一段描述：「自（七月）十九日到二十一日，大風拔木，三晝夜不輟，草屋二十餘間，圮者過半。（略）二十二日，風雨益橫，屋前草亭飛去，如空中舞蝶。余屋三楹，風至兩柱並折。」

　　這是清人著作中描述颱風侵襲台灣本島的實況報導。而當年因颱風而引起的大災難之史料，可見於《臺案彙錄丙集》之戶部「為內閣抄出署臺灣總兵葉長春等奏」移會：「至六月初六日大雨連宵，田園正資灌溉，突於初七日酉刻，颶風大作，猛烈異常，至初十日申刻，風勢漸微，而大雨猶未止息。當查郡城內城垣、廟宇、衙署、民房、倉廠、監獄、營房，均被風雨損壞；其郡城外水深數尺，並無路徑可引。」

　　古蹟若未能加以維護，絕對禁不起暴風雨的肆虐，可見一斑。

市區改正

　　日人據台後，大舉推動「市區改正」（都市更新）政策，台南府、台北府、新城鳳山、舊城左營、嘉義城、竹塹城、彰化縣城、阿猴（屏東）縣城、恆春城、宜蘭城、馬公城都被拆除殆盡，而鹿港有名的「不見天街」，也成為歷史記憶；二次大戰末期，盟軍採取「跳島」戰略，將台灣島嶼列為轟炸區，被轟炸區的古蹟，都受戰火波及，損失慘重，例如台南五妃廟毀以戰火，光復後才在原址重建。

搶救古蹟浩劫

　　民國三十四年台灣光復，政府勵精圖治，實施三七五減租、公地放領、耕者有其田的農業政策，帶動了工商業的發

鹿港市區改正　　鹿港市區改正，從車路口向東望牛墟頭，右為許讀屋頂，遠方為板仔寮（提供：丁玉書）

澎湖天后宮　相傳澎湖天后宮建於明代初葉，廟身蓋在斜坡上，因此前殿設有石階，為傳統合院式建築，不採用龍柱為此廟的特色（攝影：丁志達，1986）

達，地價飛漲，使得民國五十八年彰化縣政府擬將座落在八卦山下的孔廟產權（銀宮戲院對面）出賣，做商業用地的荒謬作法，幸賴已故鹿港人施翠峰教授的呼籲奔走，搶救了清雍正四年（1726）所建的老廟；民國六十七年澎湖縣政府為了都市更新計畫，決議要將天后宮遷建，後經當時擔任政務委員陳奇祿獲悉後，總算又搶救了一處一級古蹟。

鳳山縣舊城牆

　　民國七十四年七月五日，以推廣「港都文化」自詡的高雄市政府，以有礙交通為由，將十九點五公尺的城牆，草率的出動「怪手」一剷，「鳳山縣舊城牆」拓寬為馬路（左營區春秋

閣蓮潭附近），成為一座名符其實的「殘障古蹟」。不久，附近一口古井又因「擋路」而遭「活埋」。翌年七月，素有「御史大夫」之稱的監察委員，開會決定不追究「拆牆」的行政責任。

洋樓取代古宅

在中國人「除舊布新」的傳統觀念下，各地一棟一幢的方正公寓、大廈取代了四合院與古宅。走在鹿港古蹟保護區的九曲巷弄裡，會發現部分古宅已改建鋼筋混凝土的洋樓，嚴重破壞了古老街市的整體美感。如果鹿港古街巷都改建成全省各地可見的樓房、商店，則歷史的鹿港將失去了它在台灣開發史上「鹿港期」的時代意義，再也無法表達鹿港古老的社會、文化、聚落的特色，豈不是可悲與可嘆！

維護古蹟刻不容緩

維護古蹟，最重要的是如何不使它繼續不受到人為破壞，同時以最得體的方法，使古蹟本身保有原有的風貌，這必須結合政府、當地居民的合作，讓僅存現有的古蹟能流傳下去。

1.古蹟區分為三級，但是在保存的態度上不可厚此薄彼，都是重要的文化資產。政府對已被指定為古蹟的現有管理人，要不定期與屋主進行溝通；在維修古蹟方面，給予全力的指導或部分財力的贊助，例如嘉義縣太保鄉，

因清嘉慶年間出了一位功在朝廷的「太子太保」王得祿
而得名，其故居提都府，在乏人指導下，改建爲鋼筋水
泥的王氏家廟，富麗堂皇有餘，但百餘年王府古宅風貌
已破壞殆盡，殊爲可惜。

2.古蹟的指定牽涉到居民的財產權，如果沒有歷史價值的
古厝，不可刻意要求居民保留，但是一經指定爲古蹟，
就必須聘請專人來負責將其建築物的結構，以及空間的
利用，做成詳細的書面資料存檔，供日後修繕依據。古
蹟修護最難的是歷史考究，例如鹿港文開書院遭回祿之
災而重建，因古籍建築藍圖已失，修復後就無法完全
「遵古泡製」，重現原風貌，殊爲可惜。

3.加強國民道德觀念，不偷竊古物，不收贓古物，不損毀

台北承恩門　台北北門（承恩門）創建於清光緒五年。光復
後，一度成爲慶典活動看板文宣的牆面，現列爲台灣地區第一
級古蹟（攝影：丁志達，1980年代）

古物。古文物的失竊，對民族文化的尋根探源與認識反省，都將產生無法彌補的缺憾。

4.喚起全民愛鄉情操，將家中的先人有價值的古文物捐獻給地方政府，人人關懷古文物，聚沙成塔，就像鹿港民俗文物館，當年在鹿港鄉親熱烈樂捐贊助下成立了，這種維護先民古物與古蹟的成功模式，值得再把它發揚光大。

拋磚引玉的故事

作者在民國九十九年，曾將個人收藏的清代七爺、八爺的木雕神像，捐贈給鹿港薛府王爺宮（目前這二尊神像放置在廟內左側神龕內）供信徒膜拜；另兩尊鐵製觀音與泥塑觀音則捐給鹿港龍山寺供奉，拋磚引玉，縱使這些神像已找不到「老家」，但已替祂們找個「新家」，總比放在家中客廳收藏櫃裡「自賞」要好得多。

七爺八爺 這一對清代七爺（謝將軍）、八爺（范將軍）木雕神像，作者捐贈給鹿港薛府王爺宮（永安宮）供奉（攝影：丁志達，1980年代）

第二篇

神氣活現

六、寺門月落曉風輕

> 寺門月落曉風輕，青夢驚回天未明；隱約數殘百八下，悠揚猶雜誦經聲。
>
> ——《太岳詩草》‧鹿港詩人莊太岳

民國三十四年台灣光復後，鹿港將原日人小學校地（員林客運總站附近）充爲初中校地，後來因課室、活動空間不夠，就在原日本神社土地上成立「縣立鹿港初中」，當年龍山寺特別將其寺產一甲地標售，得款給了鹿港初中充當擴建經費。進而爲解決被政府分發到鹿港初中任教的外省籍教職員的住宿問題，龍山寺仍慨然提供兩側護廊，作爲臨時暫住地，所幸入住教職員，以單身漢爲主（攜眷者住在原日人小學校地內教室），所以三餐少開火，又是知識份子，幸無發生火災，否則，今日的遊客就看不到古刹的建築之美了。

競選海報糊貼滿山門

民國六十九年冬天，亞太會議在台灣舉行維護古蹟的國際會議。會議後，主辦單位帶領著來自美國、日本、韓國、菲律賓等各國的學者到鹿港，觀賞台灣可誇耀的最優美古廟之一的龍山寺。那知道，到了龍山寺，經過在日據時代被評定為第一級國寶的山門時，只見形形色色的競選海報糊貼得到處都是，由山門一路猖狂地貼到五門殿前，這種毫不尊重古蹟的狀況，不只使各國的專家面面相覷，無法置評，也使得我方代表羞愧得恨不得眼前就有一個地洞，可以一頭鑽下去。

這一事件的發生，促使政府在兩年後（民國七十一年）公布實施了《文化資產保護法》，古蹟維護，終於有了「護身符」。

山門 龍山寺山門是一座造型挺拔、氣勢軒昂而兼具含蓄之美的建築，外牆在簷下穿過，襯托出現線條優美的歇山重檐屋頂（提供：丁玉書）

唵嘛呢叭彌吽碑 相傳鹿港龍山寺邊建前的舊址在「暗街仔」（今大有街），苦行僧肇善法師結廬於此地，留下這塊「唵嘛呢叭彌吽」碑（攝影：丁志達，2013）

國家第一級古蹟

　　早期移民冒著生死危難來台，在形單影隻、前途未卜的情況下，經常都會帶著家鄉的廟宇的香火或神明的分身，祈求神明一路庇佑，在那波濤洶湧的台海黑水溝行舟的安全。移民落腳後，先蓋一所臨時的草庵供奉起來。等到移民生活安定後，為了感謝神明的護佑，就紛紛集資，逐漸擴建神明的居所。地方上有了廟宇，自然形成人流，也成為聚會的場所，順勢帶動了民間娛樂的表演舞台，鹿港龍山寺便保存了源遠流長的南管音樂。

泉州七邑士民公建

　　鹿港龍山寺就是從泉州府晉江縣安海龍山寺分靈而出的。建築的風格，亦承自安海龍山寺的圖樣而興建的。《彰化縣志．卷五祀典志》記載：「龍山寺前大殿祀觀音佛祖，後祀北極上帝，在鹿港，乾隆五十一年（1786）泉州七邑士民公建。」迄今已二百餘年的歷史古刹。

　　目前寺廟建築格局大體保留自清道光、咸豐年間重修時的舊貌，是台灣現存氣勢最為恢弘、格局最為完美的廟宇，而其寺廟建築工法，在建築藝術史上達到了很高的成就。寺裡的石雕、木雕及彩繪皆出自名師之手，因而被喻為台灣民間藝術的殿堂，列為國家一級古蹟。

安海龍山寺祖廟　鹿港龍山寺香火係從泉州府安海龍山寺分靈而來，為中國閩南古刹，正殿供奉千手千眼觀世音菩薩（攝影：丁志達，2013）

鳥瞰龍山寺

鹿港龍山寺,面寬三十四公尺餘,進深一五七公尺餘,占地一千六百餘坪,寺廟爲三進二院七開間的建築格局,分爲山門、五門殿、正殿、後殿。彼此之間,除了有廊道相連,甚至還有左右護龍(護室)。

龍山寺山門前,原有一座澄潭印月,傳說就是給觀世音佛祖使用的鏡子。住在池塘邊的「黃姓」人家,就是作者外婆黃過的娘家,外婆娘家的人認了我的母親爲乾女兒,因而有了「姻親」關係。作者小時候,喜歡玩躲避球,也是校隊之一,因此偶爾會因接球不當而手指頭受傷、脫臼,父親就會帶作者到「黃家」請「炎興叔」(現在稱爲國術師)療傷、敷藥,說

台灣紫禁城 鹿港龍山寺前殿五門殿,爲道光時期的建築風格,殿前有一對精緻的龍柱,正門兩側有夔龍窗木雕(攝影:丁志達,1980年代)

聲「謝謝叔叔」，都不拿錢的，親戚嘛！這一片池塘現在已經店家林立，舊風貌已無跡可尋。

凡界與仙界的界線

山門獨立於寺廟建築物之前，作爲凡界與仙界的界線，具有地標的作用。山門屬於歇山重檐式，屋頂採雙重屋檐，四面有坡落水的形式，以前後十二根柱支撐起，運用斗栱技巧構成屋架，外觀秀麗俊拔。

從山門進入龍山寺，寬闊的前埕地面上鋪滿了泉州石，左右花圃內有一對石獅鎮守著，廟埕左側有惜字亭，這絕佳的空間配置，悄悄無聲息的帶入開闊、寧靜的宗教天地，心神不由得隨之沉穩下來。

台灣藝術殿堂

五門殿之燕尾，曲線順暢，是台灣少見的佳作。五門殿中門的抱鼓石特別高大，形式簡潔，龍柱亦甚出名，材質爲花崗石（礱石），刻法採「天翻地覆」（乾坤交泰）法，即一龍在上，另一龍在下之雕法，雕工精湛，全台罕見，不負「台灣藝術殿堂」之美稱。

大雄寶殿

龍山寺戲台面對大雄寶殿，突出於中庭，結構奇巧，建築

宏偉，飛檐如翼，造型雄渾，是台灣建築的傑作。其屋頂中央
往上升，為的是提供人們更寬廣的視野。

　　鹿港龍山寺的開基祖，係來自於晉江安海龍山寺的肇善禪
師，在明永曆七年（1653）由祖廟分靈來鹿港建廟，奉祀觀音
佛祖，配祀韋馱、伽藍尊者為二大護法，左祀龍王尊神及境主
公神位，右祀註生娘娘，旁祀十八羅漢。

唐代銅觀音

　　肇善禪師帶來的石、銅觀音兩尊神像，在大正十年
（1921）十一月五日夜晚九點，因後殿發生火災，神像被燒
壞了，銅觀音的帽子跌破了一塊，石觀音只剩一隻手。尤其甚
者，那尊唐代銅觀音竟於民國七十年被盜走了，最後流落在香
港地攤上，由一善士購得後再送回龍山寺內供奉。有趣的是，

古老戲臺遺址　鹿港龍山寺戲台已被拆除，戲台頂上的八卦藻井
結構尚存，是台灣保存年代最早且最大的作品（攝影：丁志達，
1980年代）

神像落難一趟，銅觀音損壞的帽子卻被人修復完好了。

　　石觀音碩果僅存的手部和底座，在民國六十二年移至鹿港民俗文物館收藏展覽，見證了肇善禪師初建龍山寺的重要文物。

古鐘被盜走的故事

　　日據時代龍山寺住持光明智曉是一個攜妻帶子，以寺為家的和尚，一直住持到昭和十四年（1939）病逝為止。在他住持期間，由於管理不善，寺廟日漸殘破，鎮山文物如古玩、匾額等被盜走一空，其中有一口大鐘，是清咸豐九年（1859）浙江寧波鑄造的，重達千斤，聲聞十里，亦為日人盜走，且已運至基隆碼頭，即將裝船運到日本，幸鹿港地方士紳據理力爭，辜顯榮等人到處奔走請願，乃得運回，現存寺中護廊，為鎮寺之寶，其聲遠播十里，每當旦暮，鐘鼓齊鳴，唄梵互唱，面對古佛青燈，禪味細參，塵念俱消。

龍山曉鐘　咸豐九年（1859）鹿港八郊所捐鑄的這口鐘，相傳當時清晨一敲，方圓十里之內的人都聽得到，成為昔日鹿港八景之一，馳名遐邇（攝影：丁志達，2014）

七、舊宮聖母湄洲來

舊宮聖母轎班團，新自湄州謁祖還。請得金身正二媽，角頭傳讖祝平安。

——〈鹿江竹枝詞〉·鹿港詩人莊太岳

提到鹿港，許多人總會不自覺地哼起這首羅大佑唱紅的〈鹿港小鎮〉的歌詞：「假如你先生來自鹿港小鎮／請問你是否看見我的爹娘／我家就住在媽祖廟的後面／賣著香火的那家小雜貨店……。」雖然現在的鹿港街道早已有了霓虹燈，賣香火的小雜貨店已難尋著，但踏著羅大佑的經典歌曲的步伐來到媽祖廟，裡裡外外繞一圈，確實很快便熟悉了這兒的風情人情，讓人念念不忘。

三間媽祖廟

媽祖是全球華人心目中的一盞明燈。在媽祖的故鄉福建，因為古越族人「善舟楫」，在黑水白浪裡「討生活」，要時時

媽祖故鄉賢良港祖祠 　媽祖林默娘，宋建隆元年
（960年）農曆三月二十三日誕生在賢良港上厝。林默
娘得道飛昇後，時常顯靈感應，鄉人乃在居家附近建祠
奉祀，與湄洲媽祖廟遙遙相望（提供：丁志達，2013）

面對風浪。出海的人、家裡的人如何熬過那樣的困苦時日？
一個大慈大悲、善濟眾生的神靈就在福建的莆田顯良港島誕生
了。林默娘由一位普通的漁村女子，演化成一個恩惠天下的女
神，成為普天下的精神領袖。

　　鹿港街市有三處媽祖廟，分別是人群廟性質的興安宮、閣
港性質的媽祖宮（舊祖宮），和官廟性質的敕建天后宮（新祖
宮）。

興化媽祖宮

　　興化媽祖宮是鹿港最早的媽祖廟。康熙二十三年（1684）
由福建省興化府移民，攜帶媽祖香火於鹿港草仔市一帶興建，

興安宮 鹿港興安宮之能幸運保存古樸風格，導因於香火
不盛，為台灣媽祖廟中的異例（攝影：丁志達，1980年代）

故俗稱「興安宮」，取其「興化平安」、「興化安寧」之意。

建築藝術

　　興安宮廟域，寬約五公尺，深約二十公尺，沒有兩廂，與
鹿港五福街長條型舊式店鋪住宅相仿，為單開間二進一院的建
築格局，分為前埕、三川殿、拜亭及正殿。廟門緊鄰興化巷，
後臨中山路。廟內木柱採以附壁柱的工法，門楣上方之木構建
築，為舊廟宇的雕刻及棟架。

　　三川殿的彩繪，正門門神為秦叔寶與尉遲恭，兩旁分別為
太監與宮女，手持「香花燈果」。前殿的牆面有一塊光緒十三
年（1887）「奉憲示禁」碑，內文敘述興安宮的廟產，自同治
元年（1862）戴潮春之亂後，有陸續被竊占之虞，碑文告示

租用興安宮祭祀公業之屋舍者，應依租納稅，廟方董事秉公處理，並辦理廟務暨春秋二祭。

鹿港天后宮

鹿港天后宮（舊祖宮、媽祖宮）創建於明末清初，原廟址位於現址的北頭三條巷內（古地名「船仔頭」），主祀湄洲媽祖，是早年閩籍移民的守護神之一。

康熙二十二年（1683），施琅將軍平台時，幕僚藍理恭請湄洲開基媽祖神像護軍渡海，事平後班師回朝之際，其族侄施啓秉、施世榜，為感念媽祖神靈顯赫，恩被黎庶，懇請留下聖像於鹿港崇祀，施琅將軍則敬奉「撫我則后」匾額以謝神恩，

湄洲二媽 湄洲祖廟開基二媽神像，造型端莊素雅，正襟危坐，在錦織華麗的服儀之上，薪露著平和靜穆的容顏，手持如意，為泉州風格的雕塑，媽祖原係粉紅面，奉祀於鹿港天后宮後，受香煙蔓裹而成黑色，故稱「香煙媽」（攝影：丁志達，1984）

現懸掛於正殿內。

施世榜獻地遷廟

康熙四十八年（1709），由施世榜開築之施厝圳（八堡圳），歷經十年竣工，吸引大批的移民入駐彰化平原開墾，鹿港遂成為移民的重鎮。雍正三年（1725），由施世榜捐獻土地，將媽祖廟遷建至現址，廟堂面對大海，與湄洲祖廟遙遙相對，故承襲祖廟之宮名，稱「天后宮」。現在的廟貌為昭和十一年（1936）重修所奠定的規模與格局，廟中二尊超人高之千里眼、順風耳神像，神采奕奕，與所藏紀事古碑，同為珍貴文化資產。

自從大陸湄洲祖廟的神像毀於文化大革命時期，奉祀於鹿港天后宮的湄洲開基聖母寶像，與有關湄洲媽祖相關文物，已成為碩果僅存的歷史瑰寶，更鞏固了鹿港天后宮在華人媽祖信仰文化中的地位。

皇上御筆匾額

正殿神龕上方有雍正皇帝御賜「神昭海表」匾、乾隆皇帝御賜「佑濟昭靈」匾及光緒皇帝御賜「與天同功」匾。此三塊御賜的匾額，其共同的特色為皇帝所落款的，且皆落款於匾額的正中央。

官廟新祖宮

　　乾隆五十一年（1786）十一月二十七日台灣中部大里莊（今台中市大里區）發生林爽文聚衆叛亂事件。翌年八月，乾隆皇帝特命協辦大學士、陝甘總督嘉勇侯福康安將軍，統領巴圖魯待衛數百員及水師，由福建崇武澳放洋，於鹿港登陸。不到三個月，就平定叛亂。福康安將軍認爲是媽祖的神助庇佑，爲感念媽祖的聖靈，於是奏請乾隆皇帝，由朝廷賜帑金，就鹿港擇地敕建天后宮。

　　乾隆皇帝於聖母舊封號上加封「顯神贊順」並御筆「佑濟昭靈」（此匾在光復初期，堆置於牆邊，後由鎮長陳培煦請人

新宮讀碑　新祖宮廟埕的四塊石碑，分別爲乾隆五十三年「敕建天后宮碑記」、乾隆五十七年「天后宮田產記」、嘉慶十二年「重修廟宇碑記」和道光十四年「重修天后宮記」（攝影：丁志達，1988）

將此區修復,因敕建天后宮當時乏人管理,而將此區送至鹿港舊祖宮懸掛至今),福康安亦親書「后德則天」匾額(此匾目前懸掛新祖宮正殿)。神龕內鎮殿媽祖神像為軟身媽祖,配祀千里眼,順風耳為戴官帽,穿官鞋的造型,兩旁並奉祀三官大帝、龍王尊神。

建築格局

敕建天后宮的建築格局原為二進一院,詔命文武官員朔望朝拜,因而其建築格局屬宮殿式模式,殿之兩側廂房,設有長廊之文武朝房,以供文武官員行香時休憩之所。殿前拜亭一座,每隔一步鋪設方形石一塊,朝拜時五步一跪而入,四周砌石環牆,門外立「文官下轎、武官下馬」御敕之石碑,其結構之特殊,一般寺廟所罕見。

光緒二十二年(1895)台灣割讓日本,日人曾在新祖宮周圍築屋,提供日吏住宿之所,實為新祖宮帶來前所未有之浩劫,在日人皇民化運動下,以及遭盟軍轟炸,致使廟貌破舊不堪。民國六十一年於正殿前興建拜亭,當時由於廟方無充裕經費,就將前埕石材出售,所得款項作為復建資金。

媽祖顯靈小故事

民國五十二年五月十日,作者的二舅(施秋山)任教於鹿港海埔國小,是日參加該校教職員組團前往橫貫公路遊覽,因適逢雨後路滑,不慎翻車,在車子滑落山谷之際,為崖壁山腰

休憩的老人 在天后宮拜殿側旁，兩位上了年紀的老人，坐在長條椅上，假寐、發呆，與壁畫人物李鐵拐臥禪圖相映成趣（攝影：丁志達，1980年代）

間的兩棵樹木擋住，形成兩木擋車之奇異景象，而免於翻落數十丈之深淵而造成傷亡。兩木為「林」，即是聖母之姓，在臨危之際，似得神靈相助，隨後查知車中佩戴鹿港天后宮護身香火者有多人，顯然得到媽祖之庇佑，而安然逃過此一劫。車回鹿港，遊覽車直駛天后宮，到聖母座前跪拜答謝。

八、綿延香火鰲亭宮

善報惡報早報遲報終需有報
天知地知子知我知何謂無知

——鹿港城隍廟對句聯

　　據民間相傳，人死後的靈魂會被拘提到城隍廟中，綁在廟柱上，聽候審問。喪家則須點燈至城隍廟去「報廟」，並持「告天紙」在廟前走上三圈，出廟閉門下跪，然後用石叩門，喊死者的名字，再回家辦喪事。《台灣省通志·禮俗篇》記載：「國人之信仰城隍，由來已久，清朝承歷代遺制，以城隍為護國佑民之神，凡地方官署之所在，必有城隍存焉；台灣原視為難治之特殊地域，尤不得不假借神道，補治化之不足，是故台灣一入版圖，即於府治設府城隍廟。」而鹿港當時正是僅次於台南府城的大都會，也建有城隍廟（廟前空地為「飫鬼埕」）。

　　台灣傳統廟宇正殿的屋頂上多立有小塔座，從塔座上的層次可以知道一間廟宇是屬於陰廟或陽廟。塔座為奇數的為陽廟，偶數的為陰廟。鹿港最著名的陰廟有三間：城隍廟（鰲亭

宮）、地藏王廟和大將爺廟（威靈廟），信徒入廟參拜，因屋頂較低，讓人有點陰森森的感覺。

鰲亭宮的由來

清道光十九年（1839），日茂行林家及地方士紳自石獅永寧（鰲城）恭請城隍爺至鹿港建廟，由於永寧城隍廟稱為「鰲亭宮」，鹿港城隍廟亦沿用祖廟「鰲亭宮」為廟名。每年的農曆五月二十八日是永寧城隍爺誕辰日，鹿港城隍爺生日當然也是這一天。

道光二十八年（1848）彰化平原地區發生地震，城隍廟嚴重受損，遂由地方士紳倡議重修，道光三十年（1850）修護。目前，廟內右側牆面有一塊「重修鹿港城隍廟碑」，是當時重

鹿港城隍廟舊貌 鹿港市區改正，使得城隍廟原有廟埕及飫鬼埕、拜亭及左右廂房均遭拆毀，僅殘留三川門、正殿及後殿兩落（提供：鹿港鎮公所）

修廟宇時，官員、船戶、鋪戶、郊商的捐題緣金碑，是城隍廟的重要史料。

廟前廣場，古昔為船夫、碼頭工人休憩飲食之處，於是廟埕俗稱「餓鬼埕」遺址，農曆七月，鹿港各角頭輪流普渡活動中，「十四餓鬼埕」指的就是這一區域的普渡。「餓鬼埕」現今提供遊客休憩之所。

日據時代實施鹿港市區改正，拆除不見天街，拓寬中山路，城隍廟現僅殘留拜殿、正殿及後殿兩落，導致文物（石板、石雕、木雕、屋頂飾物、宗教文物）大批流失。

建築藝術

鹿港城隍廟的建築藝術，是「泉州建築」留在台灣的一個樣本，也是大木結構的一個精品，這種清代榫接木造結構技術現已失傳。

城隍廟為二進一院的建築，三川殿為三開間建築，石柱有「赫濯聲靈昭鹿水，綿延香火肇鰲亭」楹聯，係道光十九年（1839）倡建時，由日茂行林家所捐贈。

三川殿正門門神是神荼與鬱壘，兩旁側門為文官與衙役，有別於一般的廟宇。因城隍爺管轄陰陽兩界，所以求神籤的籤解，應以所求的時刻分別有所不同解釋。

青斗石獅 城隍廟前殿簷柱下有一對青斗石獅,是道光三十年 (1850) 重修時,由廟方主事一同敬立(攝影:丁志達,1913)

燮理陰陽

城隍廟正殿主祀城隍,有一塊寫有「忠佑侯」的匾額, 代表城隍爺曾被皇帝御賜封侯。廟裡還有一個很少使用過的大 鼓,俗語說鳴鼓申冤,民眾如果有冤屈,也可以到城隍廟來擊 鼓,不過如果有糾紛,傳說城隍爺會請兩造當事人到「另一個 世界」作說明,因此廟裡的工作人員都會勸當事人最好不要擊 鼓,使得城隍廟裡的大鼓很少有人來擊鼓申冤。

正殿兩旁為北斗星君與南斗星君,分別是文、武二判官及 皂吏,殿內另配祀二十四司(左右各十二司)及牛、馬、范、 謝四將軍,形體既大,雕技又精巧,栩栩如生,堪為重要文化 資產。又廂內古碑數方,鐫刻捐資船頭戶姓氏、為鹿港港口聚

落發展史上珍貴史料。

板排爺的職責

清末至日據大正年間，鹿港家中如有失竊金飾等重要物品，如疑有家賊偷竊，為不要傷及和睦與寬大為懷，大家長經常命家人及奴才、嫻婢等，就在廳堂神明桌前擺放粗糠（燒大灶的木屑）一桶，每個人各拿一把粗糠，然後放到旁邊的另一桶內，凡作賊心虛、良心不安的人，就會將所竊物品藏在粗糠內一併放下，那失物就會物歸原主，不傷和氣而結案；如果發現粗糠內一無所有，那就可能是外賊所為，第二天，就前往城隍廟祈求城隍爺保庇早日發現失物。擲筊（是一種占卜吉凶的工具，以木材或竹子的根做成）請「板排爺」到自己家宅前設案，失主每天上香，祈求早日找回失物，再將「板排爺」送回宮內。

神明暗訪

暗訪（神明夜巡）是一種具有神秘色彩且繁複的驅鬼的宗教儀式。早期鹿港街區內，如有人慘遭溺死、上吊、橫死或災厄頻生時，為了使其陰魂不再遊蕩人間，由城隍廟內奉祀的七爺、八爺率領自願參加的地方各角頭王爺廟聯合抓鬼（孤魂）出海的儀式。

早期神明暗訪，氣氛陰森恐怖，人人回避，暗訪的路徑各個路口，要釘「青竹符」以鎮守。家家戶戶則貼上符咒並關

七爺／八爺出巡　七爺（一見大吉，右）、八爺（善惡分明，左）是城隍爺的兩大部下，因為排在二位判官與四爺之後，一般就稱呼他們為「七爺、八爺」（攝影：丁志達，1980年代）

門、熄燈，以防陰魂侵入家宅躲藏。遊行隊伍除了神轎外，另有儀仗隊、旗號隊以及「落地掃」的化妝遊行，以鑼鼓開道，以火把照明，做徒步遊街。在喧鬧的鑼鼓、淒厲的吹角（法螺）號聲，無常夜叉鐵鍊的鳴響聲、天兵的喊吶下，浩浩蕩蕩的夜巡活動就展開了，隊伍中充滿威武、神秘、恐怖的氣氛。

遶境結束後，以「送鬼」的儀式為壓軸戲，將鬼魂們送出海（河邊）。為避免鬼祟跟蹤，全部參與者要靜悄悄地離開現場，才算功德圓滿，以達神明護境、安民的任務。

一則傳奇小故事

鹿港城隍廟內有一塊「靈蹟昭著」匾額，它述說的一段城

貼符咒 符咒，用黃紙或其他色紙上書寫一些字或畫上圖案，常被認為具有驅邪的效果（攝影：丁志達，1980年代）

隍廟范將軍辦案的神蹟，故事讓人嘖嘖稱奇。

　　民國七十三年三月十八日，竊賊潛入宏碁在新竹科學園區的公司，用兩輛小貨車偷走七十多萬顆價值約新台幣四千萬元的晶片（Integrated Circuit, IC），對宏碁出貨及財務造成空前危機，警方追查月餘毫無頭緒。當時宏碁創辦人施振榮的母親施陳秀蓮是長年吃素齋的虔誠佛教徒，有天告訴他的兒子，鹿港城隍廟很靈驗，建議他請求城隍廟的神明協助破案。

　　施振榮就按鹿港古例，恭請鹿港城隍廟「范將軍」北上新竹坐鎮辦案。通常民眾有疑難雜症，都先請示主神城隍爺，再由城隍爺指派誰出馬，而「鐵面無私」的范將軍是最常被派去辦竊案，可說是「刑事高手」。果然神蹟出現，第六天，八爺出示要回宮，翌日警方即宣布破案，鹿港城隍廟聲名大噪，許多信徒對於城隍廟的法力也深信不疑。

九、文祠日落夜烏啼

文祠日落夜烏啼，苦雨酸風人望迷；一片痴情何處是，青雲路冷草淒淒。

——〈鹿江竹枝詞〉·鹿港詩人莊太岳

　　現在到鹿港觀光，有一個景點很亮眼，那就是「鹿港車站」。在政府實施九年制國民義務教育前（1968），學生都要參加各中學自行招生的考試。國小畢業生如果要繼續升學，就要以考取「彰中」、「彰女」為榮。有錢人的小孩到彰化讀書，就坐彰化客運通勤，票價較貴；家境清寒的小孩，一大早就要來到這個車站坐「五分車」上學，價格便宜。如果考不上這兩所名校，又不考「彰商」或「彰工」職業學校，那就到「員林實驗中學」就讀，學生就要走到「文祠」邊的小「火車站」搭乘往溪湖、員林的班車，這個車站現在被拆了。

　　作者小時候，在清明節前後都要來此處搭一趟小火車，因為丁家大房的祖墳在白沙屯（溪湖鎮鳳山寺前）附近，掃墓去。

鐵軌與貨車廂 台糖車站隸屬明治製糖株式會社。初期是為了運輸甘蔗到和美糖廠而鋪設，後來才有載客（五分車）營運（攝影：丁志達，1980年代）

鹿港文武廟來歷

鹿港文祠與武廟為三合一式的傳統文教祭祀空間，是以文開書院居左、文祠居中、武廟居右所組成的一大建築群，一字排開相鄰，故統稱為「文武廟」或俗稱「文祠」。

清嘉慶十一年（1806），由地方富紳陳士陶發起，鹿港住民醵金創立文祠；嘉慶十六年（1811）由鹿港海防同知薛志亮率地方富紳蘇雲從等人倡議，發起籌建武廟；道光四年（1824）進士鄧傳安等發起，募捐營建文開書院於文祠左畔，所有廟域寬敞，占地兩甲有餘，踞市區咽喉，東指八卦山，遙望玉山諸高峰，背臨海澨，隔岸指顧中原，廟貌朱瓦掩映，洵鹿港之歷史古蹟，名勝八景之一。

文武廟舊貌 鹿港往溪湖、員林的火車站，就位於鹿港文武廟前方的停車場，爲運鹽的輕便車道（提供：丁玉書）

文昌帝君祠

　　文祠位於鹿港的南方，遠離商業街道，符合文教區與書院的安靜需求，爲士子會文結社之處。文祠面寬三間，前後兩進，護室又置軒亭。

　　封建社會，讀書人家常常祭拜兩位神明，一是至聖先師（孔子），另一個是文昌帝君。不過因爲孔子曾得過皇帝的敕封，歷代都建有孔廟，祭拜的人也常以考取功名、已經在朝廷當官的人較多，其他大多數還在「十年寒窗苦讀」的年輕人，祭拜的都是可以保佑學子們考中狀元的文昌帝君（梓潼帝君，文曲星的化身）。《彰化縣志》記載：「蓋以世所傳帝君之書，如陰騭文、感應篇、勸孝文、孝經解諸書，皆有裨於教

化，不失聖人之旨，故學者崇奉之，使日用起居，皆有敬畏，非徒志科名者，祀以求福也。」農曆二月初三是文昌帝君的生日，有些信徒會準備蔥（聰明）和芹菜（勤快）去祭拜，希望能保佑其孩童聰明又勤快。

文祠主祀文昌帝君，從祀天聾、地啞，配祀魁星帝君和孔子（鹿港因無資格蓋建孔廟，只好將孔子排位供祀在文祠內）。因此，鹿港人亦稱文祠為孔子廟。九月二十八日是孔子誕辰紀念日，早年放假一天，也是文祠最熱鬧的一天，人山人海，小孩在文祠內竄來竄去，拔牛毛，長智慧。

文祠建築藝術

文祠為二進一院的建築，前方有一座水池，稱為泮池。古代郡縣之學稱為「泮宮」，其東西門以南置有水池，稱為「泮池」。《詩經・泮水篇》記載：「思樂泮水，薄采其芹。」古人應試及第，需至文祠祭祀，謝師恩，循古禮於泮池邊摘取芹葉，插於帽緣，故考取秀才功名者又稱「入泮」。

三川殿內有兩塊碑文，分別是清嘉慶二十四年（1819）「重修文武兩祠碑記」及清光緒八年（1869）「重修文祠碑記」碑文，是文祠、武廟的重要文獻。

蓬萊第一泉

文武廟中隔一院，內有「虎井」一口，號稱「蓬萊第一泉」，泉水清甘，取以烹茗，氣味香冽，古有「虎泉煮茗」之

蓬萊第一泉 文祠與武廟毗鄰著一口虎井，號稱爲
「蓬萊第一泉」（提供：丁志申，1980年代）

雅譽，惜已久封徒留虛名，倒是廟前泮池及周遭綠樹成蔭，增
添一份思古幽情。日據初期，文武廟曾充當日軍營舍，並曾一
度作爲鹿港公學校教室。光復後，文武廟又一度成爲軍營。

關聖帝君

　　文昌祠爲文人所崇祀，武廟則多爲商人所崇祀。武廟爲兩
進，格局有三川殿、正殿、兩廂房。正殿前有一口古鐘，係昭
和五年（1930）由鹿港士紳黃禮永、許梅舫等士紳所敬獻，是
武廟的重要文物。武廟旁有一塊「忠魂碑」，係日人供奉爲國
捐軀的軍人、警察的紀念碑。

　　武廟正殿主祀關聖帝君，除爲鹿港眾商之守護神外，亦是鹿
港義氣投合者，義結金蘭之盟所在，配祀周倉、關平，其神像魁
偉，與人同高，雕工上乘，栩栩如生，同祀倉頡先師。由於文祠

並無管理委員會，所以文昌帝君神像暫置於武廟內供奉。

武廟的三川殿並無門神彩繪，符合官祀廟宇的風格。廟貌外觀色彩非常鮮明，紅色牆面、綠色柵門，而寶藍色鑲邊更顯出色。正殿內有嘉慶十六年（1811）「藻耀海天」與咸豐四年（1854）的「峻極于天」匾，是武廟的重要文物。

鹿港詩社

鹿港的文人曾於文祠內成立「拔社」，是鹿港詩社的嚆矢，寓「出類拔萃」之意。在《彰化縣志》已有「拔社」的記載，但因年代久遠，無遺稿存世，創始人何者無據可考。

拔社係在武廟五文昌帝之一的文衡聖帝爐前結盟成立，

拔社成員　大正十四年（1925）六月二十四日拔社成立滿二十五週年，丁寶麟（前排左一）、莊太岳（左三）；王席聘（後排左二）、鄭汝南（左三）等十七位詩友在文祠聚會吟詩留念（提供：丁玉書，1925）

所以聖帝誕辰日（農曆六月十四日）為定期集會，拜祭聖帝，是夜由輪值爐主設宴聚餐。結社當時各社員各出二十圓，共得三百四十圓，除第一次聚會購買金爐，社名的綵帶及餐費、祭典諸費外，尚剩三百圓，貸給人家，將年收息充為每年聚餐費用。至於社員遇有喜慶、喪弔時，由爐主向社員臨時募集經費辦理。

繼拔社、蓮社而鹿苑、芸香、過渡、鹿鳴、鹿江、聚鷗、大冶、淬礪、新聲諸社先後成立。台灣光復後，乃合諸社，總稱「鹿港聯吟會」。

一則靈異小故事

相傳鹿港文祠乃一虎穴，每逢月黑風高則虎嘯震天，而文祠對面的許厝埔，據傳此地是豬母穴。許氏家族為防靈穴為白虎所破，扼其財源，故曾築一土牆阻其老虎外出，另又塑造一尊土地公督管之（民間傳說，老虎是土地公的坐騎），無奈猛虎難受管束，常常躍牆奔出，以是土牆砌了又倒，倒了又築，因此您現在如果站立在短牆旁邊時，說不定虎爺正舔著舌頭，炯炯的眼神，正虎視眈眈的打量著不遠處的您呢！

十、庇祐移民守護神

唐山過台灣　心肝結一丸
第一煩惱無親兄　第二煩惱無親子
等待身苦也病痛　床前的路誰欲行
　　　　　　——唐山過台灣·唸詞（閩南語發音）

　　早期移民，在禍福、生死未卜的情況下，啓程前都會虔誠地帶著原鄉的神明分身或香火袋，祈求渡過波濤洶湧的黑水溝（台灣海峽）到台灣，安抵後就會找地方供奉這些神祇的分身。隨著經濟狀況的改善，同鄉宗族就會集資搭蓋廟宇，將「祖廟」分靈請來神像恭奉膜拜，這也就是鹿港到處都建有廟宇的原因，期盼家鄉的神明，保佑平安。

移民在鹿港的發展

　　鹿港曾經有過興化人、潮州人、漳州人、浯州人和泉州人到此定居，並在鹿港街鎮上分別建立了興安宮、三山國王

廟、南靖宮、金門館和鳳山寺。清乾隆五十七年（1792）至道
光二十四年（1844）之間，彰化平原有過四次大型的泉、漳和
泉、粵分類械鬥，其結果導致泉、粵人分地自處，泉籍人數眾
多，在彰化平原占盡優勢，將外地移民逼走他鄉，鹿港也不例
外，據資料顯示，鹿港街鎮內有百分之八十以上的居民屬於泉
籍移民。

三山國王廟（潮州客家守護神）

三山國王廟是粵東客家人（HAKKA）所信仰的守護山神
（巾山、明山、獨山國王）。清代隨客家移民的腳步帶到鹿港
來奉祀。原廟創建於清乾隆二年（1737）八月，屬於「人群
廟」，有會館的功能，後因閩、粵分類械鬥，逼使潮州人遷離

國王古廟 大正十五年（1926）日
人將三山國王廟拆遷至今日的現址
（中山路276號），奉祀巾山、明山
及獨山三座山的神明（攝影：丁志
達，1980年代）

73

鹿港，因而香火不盛，變成附近居民祭拜的「角頭廟」，現被列為縣定古蹟（寺廟），為彰化平原三十四間三山國王廟中唯一列為古蹟者。

正殿前方有一個石製香爐，其上有落款「嘉慶四年梅月置，三仙國王弟子王合成叩謝」等字樣，說明了潮州客家人在鹿港勢力的消長。

建築藝術

三山國王廟原是「單開間一進」的建築格局，近年來增建成為「三進二院」，目前指定為古蹟的範圍為三川殿建築，古貌盎然，客家古建築風格依舊，在閩南式古建築林立下，獨具特色。

三川殿兩旁門板有精緻的木雕作品，頂板為花鳥圖，身堵分別有「百忍堂」與「汾陽府」的精緻雕刻。畫面人物具是穿著宋朝時衣冠、白馬、輪車、隨侍人員，一行人浩浩蕩蕩的進入汾陽門。這兩幅木刻畫，精巧地描繪出中國宋代人物造型，紅底青邊的顏色搭配，鮮豔動人，是上等的雕刻功夫所表現出來的藝術傑作。

木雕彩繪的門板，博古圖案，構圖嚴密，如四隻蝙蝠表示賜福；牡丹和花瓶象徵富貴平安；玉米代表多子；桃子則是長壽，反映生活意願及祈求的雕法是客家風格，不同於閩式纖細手工，這正是此廟被列為三級古蹟原因之一，值得欣賞一番。

此廟附近地區，昔有一街名「潮州街」（約今中山路的民權路口至鰲亭宮間），為鹿港大街的一段，其南端地勢較高叫

崎仔頂，北端較低叫崎子腳，是原客家人的聚居街道。

南靖宮（漳州人的守護神）

南靖人移居鹿港，以從事貿易者爲多，被稱爲「廈商」的
這群人，在清乾隆四十八年（1783）集資創建南靖宮（當時廟
前爲船筏碇泊之所，即現今埔頭街），廟貌與鹿港老街的街屋
一般寬又長，約五十尺深，爲窄長型廟宇。

南靖宮 南靖宮在清嘉慶五年
（1800）擴建，道光二十年（1840）
由廈郊人士捐款重修此廟（攝影：丁
志達，1980年代）

主祀伏魔大帝

　　南靖宮正殿奉請原鄉的伏魔大帝（關聖帝君）為主神，關平及周倉為左右大護法，以祈求庇祐移民們平安及興隆。廟內另奉祀文魁星君、謝府元帥、馬爺公、日行千里的赤兔駒與八十一斤的神器青龍偃月刀等。

建築藝術

　　南靖宮為單間二進一院的建築格局，分別為三川殿及正殿。三川殿正門門神為秦叔寶與尉遲恭，兩旁對聯，由鹿港文人朱啟南所撰楹聯，書法家陳百川的墨跡。

　　鹿港因「漳泉械鬥」爭奪地盤，泉州人最後獲得勝利，漳州人因而遷出而退往八卦山脈花壇一帶的丘陵地居住，見證了漳州人曾移民鹿港的史實，現已成為不分族群，全民共同奉祀的關帝廟。

鳳山寺（南安人的守護神）

　　鳳山寺奉祀廣澤尊王，是南安移民的鄉土保護神，與鹿港的發展具密切關係，於清道光二年（1822）由鹿港士紳梁獻瑞創建，地主盧西池獻地，廟名「鳳山寺」，原為長方形，後來由於街道拓寬之故，把中庭拆掉，三川殿向後移，而形成今日的廟貌。

建築藝術

鳳山寺雖非雄偉建築，卻能突顯其小而精美，其格局完整，山川殿爲單開間建築。建築本體保存良好，石雕、木雕刻工精細。中庭有清道光十年（1930）由拔貢廖春波撰寫的〈鹿港新建鳳山寺碑記〉，極具文獻價值。

由於鳳山寺位於鹿港粟倉旁，廟宇前方即是鹿港理番同知衙門（今鹿港國小校址），咸豐六年（1856）北路理番兼鹿港海防同知及安平協水師右營游擊敬獻「忠孝義」古匾，而三川殿前左右兩旁有精緻的「博古圖」、「龍虎堵」，即天井內兩側的字畫堵，皆以交趾陶爲材料，是清咸豐初年留存下來的作

鳳山寺匾額 鹿港鳳山寺主祀廣澤尊王，其本廟爲泉州府南安縣鳳山寺，南安移民恭請香火至鹿港奉祀，建廟後乃以鳳山寺爲名（攝影：丁志達，1980年代）

品，充滿古意，廟貌高雅，具歷史價值。左廂房為北管票房之館址，現今僅留「玉如意」匾額，祀有萬春宮的蘇府王爺。

金門館（浯州人的同鄉會館）

乾隆五十一年（1786），林爽文起事，清廷派嘉勇公福康安來台平亂，由當時的金門調度水師兩營助陣，水師官兵由浯德宮恭請蘇府大王爺神像，護軍渡海，登陸鹿港後，軍事節節勝利，為感王爺神靈庇佑，於翌年在此捐餉建廟以祭祀。

草創初期，廟宇狹隘不敷眾用，浯州人許樂三乃於嘉慶十年（1805）獻地擴建，並由全台水師暨鹿港船商捐助，規模始具，許樂三並敬獻「浯江館」匾。

浯江館（金門會館） 全台現僅存安平、鹿港、艋舺三處有浯江館，而以鹿港浯江館規模最大、歷史最久，館內供奉蘇府王爺（攝影：丁志達，1980年代）

　　道光十四年（1834）聘請金門籍「開台進士」（道光三年進士）鄭用錫擔任總理，參與金門館的重修，工程竣工之際，鐫刻「重修浯江館碑記」，而倡議重修的左營遊擊劉光彩則敬獻「過化存神」匾，以及清咸豐五年（1855）捐題緣金碑，是金門館的重要文獻資料。

建築藝術

　　金門館為二進一院建築格局，正門門神是秦叔寶與尉遲恭，兩旁為文官，手持「官帽、鹿、牡丹花與爵器」，象徵「加冠進祿、富貴晉爵」。門額上有匾「金門館」，兩旁高牆一丈高；正殿主祀蘇府王爺，配祀福德正神，以及諸府將軍。

　　三川殿為三開間建築，正面為木屏門板，以「四聘」為彩繪題材，分別為舜耕歷山（堯聘舜）、為國為民（商湯聘伊尹）、渭水聘賢（周文武聘姜太公）、三顧草蘆（劉備聘孔明），為咸豐年間重修時的藝術風格。

　　金門館同時兼具有「同鄉會館」與「水師會館」的功能，兩旁廂房為昔日提供給弁丁（漕運的差役）住宿的空間，中庭有百年老樹，綠意盎然。

葬身海底的故事

　　一首流傳於閩南泉州、漳州傳誦的「渡台悲歌」，唱出了唐山過台灣的悲愴與辛酸，前四句就是：「勸君切莫過台灣，台灣恰似鬼門關，千個人去無人轉，知生知死都是難。」

作者的母親有一位好友「阿貞」，在日據時代的某一年，她們舉家由福建泉州地區搭船渡台移民，行過黑水溝時，海上遇到颱風大浪，船翻覆了，她的親人都葬身海底，唯獨她被救了起來，被人收養。後來她嫁給了鹿港已故名書畫家王重五（南靖宮天井虎邊字畫為王重五的作品，名書畫家王席聘之子）為妻。作者的母親與阿貞往來密切，她的其中一個小孩「王景祥」，是作者母親的「義子」。

王重五字畫　鹿港名書法家王重五贈送給作者梅、蘭、菊、竹（四君子）四幅字畫，擷取「梅」與「菊」作品的局部精華製版（攝影：丁志達，2014）

十一、地藏王與大將爺

七月初一放水燈，八郊大燈行頭前；巡遶角頭到海邊，點火放海招水靈。

——《憶起鹿港普渡‧初一放水燈》‧鹿港人丁玉書

鹿港北有天后宮，南有地藏王廟，代表鹿港南北方位一司天、一司地的聚落族群信仰觀。地藏王之信仰在鹿港深受重視，對渡台移民的宗教、信仰深具歷史意義的古廟。

鹿港人一般稱威靈廟爲大將爺廟，與龍山寺、天后宮、地藏王廟、城隍廟並列爲鹿港五大古廟（閤港廟）。往昔，地藏王廟與威靈廟附近都有「義塚」（公墓），行過此處，有一種莫名其妙的恐怖感，而依照鹿港的習俗，陰曆七月由地藏王廟負責開鬼門，普渡結束後則由威靈廟負責將「鬼兄弟」收回陰間，是鹿港人所稱的「陰廟」。

地藏王廟

　　鹿港天后宮的「重修鹿港聖母宮碑記」記載，地藏王廟於清嘉慶二十年（1815），由鹿港八郊商人用重建天后宮的餘資，撥款建廟，主祀地藏王菩薩（又稱幽冥教主），下轄十殿閻羅，專司人世生前的善惡，陰間的一切鬼魂之事。從祀境主公、註生娘娘與十殿閻羅。清光緒四年（1878）地藏王廟曾重修過，廟內保存著嘉慶年間的地藏王神像、「天竺尊嚴」匾及嘉慶二十三年（1818）所立的「重興敬義園捐題碑記」。

地藏王菩薩　　鹿港地藏王廟主祀地藏王菩薩（幽冥教主），統率十殿閻君而具有「陰廟」的性格，廟宇屋簷低矮，營造出一種肅穆、陰森森的氣氛（攝影：丁志達，1980年代）

建築風貌

　　地藏王廟，以木造結構爲主，整體格局較爲狹長（採縱深發展），爲二進一院的建築格局，分別爲三川殿與正殿，無龍柱，正殿前帶軒作爲拜亭。由於地藏王廟被視爲陰廟，廟宇屋簷低矮，更顯得廟宇陰森的氣氛。正門門神爲秦叔寶與尉遲恭，龍邊是文官，虎邊爲衙役，有別於一般的廟宇，風格與台灣其他廟宇迥異，屬於鹿港古街市中典型之街屋式廟宇建築。

　　古昔從地藏王廟龍門進入通往本殿前有一廂房，是提供給富裕人家所預定的棺木，一時還用不上時的「寄壽」（空棺木）放置的場所，這種「景觀」現在已不存在了。

地藏王廟金爐　鹿港地藏王廟被列爲縣定古蹟後，這座少見壯觀、宏偉的金爐，已不准信徒在此燒金紙（攝影：丁志達，1980年代）

雙榕張蓋

據說「地藏王菩薩」是屬於陰陽神，所以當初的榕樹是以榕樹枝倒著種的，故俗稱「倒頭榕」，屬於「陰樹」。鹿港詩人莊太岳寫有「雙榕張蓋」詩句：「繁葉高枝欲蔽天，亭亭如蓋夕陽前；問渠手植何時代，老幹雙雙已百年。」指的是地藏王廟庭前的兩株大榕樹，真的大得驚人，它的根幹相距約有十多丈，枝葉卻在中間銜接，鬱鬱蒼翠，真是暗不通天，密不通雨的氣勢，旁邊又是「地藏王塚」，秋冬之際，在九降風的吹襲下「颯颯」作響，小孩或婦女路過此處，不是用走的，而是用跑的離開這讓人「毛骨悚然」的「恐怖」環境。不幸幾年前一場雷雨而被震倒，擎天大樹的英姿已不復在。

大衆爺廟

大衆爺廟（又稱威靈廟）創建於清康熙年間，據傳劉綎將軍分靈至鹿港時，恰逢瘟疫期間，衆多民衆前往祈求平安皆靈驗，於是由黃姓家族捐獻土地創建，並取自「威武雲龍江，靈光昭鹿渚」兩句詩文的首字而稱「威靈廟」。乾隆甲子年（1744）增建，嘉慶乙亥年（1815）重修，經費係由八郊重修天后宮餘資來重修（天后宮石碑記錄）。光諸辛卯年（1891）重修過。

威靈廟　威靈廟（大眾爺廟）主祀
神祇為明朝劉綎將軍。在街市拓寬
下，舊廟被拆，重建後已無法列入古
蹟保護，不過廟中仍保有創建之初留
下的文史資料（攝影：丁志達，1980
年代）

顯靈事蹟

　　昭和二年（1927）鹿港地方流行霍亂，大將爺降旨起駕
出巡遶境，但無人敢擔當做主，當夜大將爺顯靈於日人巡查捕
（分局長）山田屈屋住所，山田巡查捕有感於大將爺神威顯
赫，即於次日到廟參拜，信徒乃提出神明降旨要出巡一事，山
田巡查捕同意，擇日巡掃遶境，果然霍亂即平。

劉綎將軍

鹿港威靈廟主祀神為劉綎將軍,生於明隆慶二年(1568),
江西省南昌府人,官拜都督,所用鑌鐵刀百二十斤,俗稱「劉大
刀」。在明萬曆四十七年(1619)劉將軍高齡五十一,依然猛如
神龍,大敗滿人陳布達里岡。薩爾滸之戰,努爾哈赤用計謀,以
個個擊破明軍部隊,劉綎軍隊糧盡兵斷,左臂負傷,見無力回
天,便揮刀殉職。劉綎將軍有詩云:「剪髮接韁牽戰馬,拆裰抽
線補旌旗。胸中多少英雄淚,灑向雲藍紙不知。」

中殿奉祀大將爺(大眾爺公),但一般民眾視威靈廟為陰
廟,因為廟內奉祀賞善罰惡的謝將軍、范將軍,以及周、董、

街頭舞者 在迎神賽會活動中十分搶眼的「八家將」,花花
綠綠的臉部造形和持著各種械具、法器,再搭配著神秘的舞
步,在街頭上呈現出嚴肅而震撼性的神威(攝影:丁志達,
1980年代)

魏、熊四位將軍，這是台灣目前唯一有奉祀六位將軍的廟宇。中殿左側祀奉早期鹿港四城門之一的西城門土地公、土地婆及諸神壇。一年四季香火鼎盛不絕，並分靈各地。每逢農曆五月二十七日為大眾爺誕辰之日，熱鬧非凡。

開關鬼門的廟宇

鹿港過去農曆七月有分區（角頭）普渡一個月的習俗，其用意在使孤魂野鬼每日都能享受人間祭品，民眾也趁此機會輪流宴請賓客，聯絡感情，人鬼同歡。鹿港諺語說：「茉園豬，街尾戲。」它指的是在威靈廟轄區的茉園（地名）地區，農曆七月十一日當日普渡所殺的豬隻冠於其他地區，而地藏王廟位置在街尾（地名），農曆七月二十三日普渡那天劇團最多，冠於鹿港其他角頭而得名。

在鹿港的普渡行事曆中，地藏王廟七月初一「開鬼門」（統一普渡後已改在七月十五日），威靈廟自清代即為祭祀無主孤魂的「厲壇」，當天在廟前豎立燈篙，等普渡過後由大將爺協助地藏王收孤魂送回「鬼門」關。在農曆八月二十日鹿港奉天宮蘇府王爺有「押散魂」（送散魂）儀式，將逾假不歸或者脫逃的「好兄弟」收回，至農曆十月初一城隍廟「祭孤魂」後，再交給地藏王看管，整個祭典儀式才算功德圓滿。

一則破土典禮的故事

昭和十年（1935），鹿港市區改正要拓寬茉園路，威靈廟

因爲在該路中央，需要全廟拆除，施工發包後連續幾天，承辦商所僱用的多位工人無故由廟頂墜落地面，以致工程停頓，無法進行。

眾議紛紛，乃指未向大眾爺奉告工程施工，以致神怒，因此建議街役場要舉行祭神，當時街長吉田秀治郎順從民意，特別舉行破土典禮，說也奇怪，以後施工拆廟，工程順利。

摸乳巷 威靈廟鄰近的菜園路38號旁，黃慶源商號的斜對面巷子，係屬民間的防火巷。因巷子空間小，若是碰到男女正巧面對面走過來，女的會用手護住胸部，讓男的通過，於是便出現粗俚的「摸乳巷」的說法而聲名大噪，成爲熱門的觀光景點（攝影：丁志達，2011）

十二、鹿港神社寫真集

青天白日高高照　世界光明了
光明世界無煩惱　革命成功了
一切強權惡勢力　一切全打倒
人人平等無特權　快樂又消遙

——〈熱鬧滾滾慶光復〉·歌詞

　　1960年至1963年，作者就讀鹿港高中，校址就是日據時代的神社所在地。台灣光復後，拆了神社的周邊建築物，在四周蓋了教室，但在校園內還保留著神社的「正殿」，作爲教師的辦公處。每週學生都要寫週記，作者被導師指派將收齊的週記簿送到導師辦公室桌上，木造的建築，挑高的屋頂，光線顯然不足，這就是作者對「鹿港神社」的印象記憶。1968年政府實施九年國民教育，原有教室不敷使用，乃拆了「正殿」，蓋了水泥的樓房，神社遺跡從此消失了。

鹿港神社外觀　鹿港神社有大鳥居二座，大座的在參道前，中座的在拜殿前（提供：丁玉書，1939）

合蓋神社

　　日人據台自乙未（1895）清廷割台，至乙酉（1945）台灣光復，其間歷經十九任總督，十次之行政區域異動，尤其首任樺山資紀總督及第四任兒玉源太郎總督為最，各有三次之多，並在臺灣各地獎勵興建神社。因福興庄財政沒有鹿港街充裕，兩街庄協議決定合併共同來建築一座神社，地點選在福興庄橋頭段，面臨復興路的現在鹿港國中場地（占地5,252坪），經費由鹿港街提供三分之二，福興庄提供三分之一，購置二甲土地為鹿港神社基地，除本殿、拜殿建築外，另設有祝詞舍、神饌所、祭器庫等。

神社拜殿 　進入神社大鳥居後，其參道兩側爲石燈籠，
再穿過中鳥居，就是拜殿（提供：丁玉書，1939）

神社類別

　神社分爲官社與諸社，官社分爲「官幣神社」與「國幣
神社」兩種，以供奉歷代日本有名的功臣。「官幣神社」在舉
行祭典時，是由皇室奉獻帛料，「國幣神社」則是由國庫支付
帛料。諸社則分爲府、縣、鄉、村社及無格社，分別由各府、
縣、市、村提供祭典時的帛料。

建築鳥瞰

　鹿港神社前有狛犬石雕一付（唐獅子），在大鳥居下；進

神社正殿 根據昭和十八年（1943）由臺灣總督府
文教局社會課編印的《臺灣に於ける神社及宗教》記
載，鹿港神社正殿祭神為事代主命、中津綿津見神
（海中─漁業の神）、底津綿津見神（海底─海藻、
の神）（提供：丁玉書，1939）

入境內左邊有洗手台，右邊社務所，參道兩側排滿燈籠約三十
付，進入中鳥居就是拜殿，再升階進去即為本殿。參道全以石
子鋪平，神官參拜時，履木屐，路過時會發出「沙」、「沙」
之聲音。

鎮座典禮實況

根據曾參與鹿港神社鎮座典禮的丁玉書回憶說：

主祭官由台中州知事松岡一衛主持，陪祭官由彰化郡守板井
修三、鹿港街長大德啓之助、福興庄長許金圳、社會代表鹿
港街黃秋、福興庄謝晃輝；執事官由台中神社、彰化神社諸

奉祭官合照　鎮座祭後，全體奉祭官、神官及代表
在神社前合照留念。站立者鹿港街長大德啓之助（右
一），福興庄長許金圳（左一）。前排台中州知事松岡
一衛（右三）、彰化郡守長友甚七（右四）（提供：丁
玉書，1939）

　　社司擔任；神樂隊則由鹿港神社自行訓練出的樂隊。

　　主祭官松岡一衛前一晚就蒞臨鹿港，街長宿舍作為他的寢
室，寢具由台中神社運來，寢具噴香水與殺蟲劑，以防蚊害。

　　昭和十四年（1939）十月十二日上午，參與官員穿上和
服，其他參與者穿著西洋禮服，扛御幣生員，由鹿港第一公學
校六年生莊信林及洪慶興行第二公子擔任，全以日式進行鎮座
典禮。

　　然後在本殿側旁廣場種植紀念樹，而後舉行「直會」（共
飲共食儀礼），與會者站立享受日式宴席，下午舉辦慶祝、奉
納（祭祀神佛時舉行的比賽）等各項節目。

祭典儀式 鹿港神社落成啓用，全體奉祭官、神官及代表步入正殿舉行祭典，神社雨旁有數十座石燈籠（提供：丁玉書，1939）

紀念植樹 鹿港街長大德啓之助在鹿港神社前植樹紀念（提供：丁玉書，1939）

慶祝活動項目

祭典後下午，舉辦慶祝活動。遊行隊伍的第一隊就是「御樽輿隊」，先在飛機場前集合，中午過後，各隊自行進入市區，經過五福街，步行到鹿港火車頭（車站）前再整編隊伍。該隊伍即由各公小學校自己組成，隊伍神輿的日式木酒樽向公賣局鹿港配銷會事前商借，神輿陣容頗一致，但扛樽的人，各隊服裝就有所不同。

在鹿港，日本人最多爲公小學老師，次爲政府機構，如街庄役場服務人員、郵便局、專賣局、海關有關人員。老師負責指導各項慶祝節日，街庄役場人員則要參與神社內事務，日本商人不多，所以沒有成人隊伍組成之情形。

其他節目有「豐年踏」，第一年由鹿港街役場男、女職員

御神輿 御神輿是日本的一種傳統文化表演，在祭典之中的重頭戲就是被眾人抬著遊街的「御神輿」（神轎），也是公學校小學生參與的活動節目（提供：丁玉書，1939）

組成，在神社廣場前表演唱歌、跳舞；第二年起，祭典則由街庄農會組合員工組成奉納。

　　角力賽即由公小學校負責訓練成立，在神社區內臨時搭建一土俵場（相撲力士比賽之場地），分學級別比賽，及個人「拔三人」、「授五人」兩種比賽，裁判官由公小學校體育老師擔任。

　　劍道比賽，由警察局鹿港分室劍道人士為中心，分為紅白兩隊比賽，選出冠軍。圍棋，在鹿港俱樂部舉行；弓道、柔道兩項在警察局鹿港分室比賽。

　　慶祝神社各項活動，自昭和十四年（1939）十月十日盛大舉行後，到昭和二十年（1945）八月十五日日本天皇宣布投降止，共舉行六次慶典，台灣光復後就無聲無息地結束了。

鹿港神社遺址

　　台灣光復後，該神社成爲鹿港國中校地，因逐年擴建校舍，鹿港神社的建築已蕩然無存，現僅存有石燈籠殘件、門口狛犬一對、石燈籠基座一對，因而未列入古蹟保護，只能用殘存、斑剝的日文刻字，默默訴說著它那短暫的輝煌歲月。

　　鹿中校門前筆直的三民路，就是過去神社的參道。校門右側曾有一排日式建築，光復後，爲教職員的宿舍，現已拆除，不見蹤影。

鹿港街役場廣場　日軍在昭和十七年（1942）二月十五日攻陷新加坡後，在鹿港街役場前廣場舉辦慶祝大會（提供：丁玉書，1942）

鹿港街長官邸

　　街役場是日據時代地方行政機關，相當於現在地方行政
區劃分下的「鎮」。「街長」類似今日的「鎮長」。前者「官
派」，後者「民選」；前者「日據時代」的頭銜，後者「光復
後」的職銜。大正九年（1950）台灣地方行政改制，鹿港成為
台中州彰化郡鹿港街，鹿港街長是鹿港最高行政首長。

建築風貌

　　鹿港街長宿舍為日式木造構造建築，基座抬高，基腳多為
磚柱或木柱，有助於通風、防止潮濕與蛀蟲侵害的作用，外觀
樸質，當您一走入屋內，必定會讓這座在鬧中取靜，散發濃濃

鹿港街長官舍　昭和十年（1935）鹿港第三任街長吉
田秀次郎負責督導與興建街長官舍，曾有五位日籍街
長曾在此住過（提供：丁志申，1980年代）

典雅又有寫意氣息的建築物所吸引。民國九十一年登錄爲歷史
建築，現重新規劃爲「鹿港鎮史館」，以展示有關鹿港的文史
書籍和老照片。

爲歷史見證的故事

　　鹿港鎮史館自民國九十八年三月一日開館後，有不少關心
文史的人士，慨捐書籍或史料，充實館藏。丁氏家族的後代丁
少華與丁志達（作者）姐弟，捐出其父親丁玉書先生生前珍藏
的多件書法墨寶與文物史料，其中包括一幅戰後初期鹿港唯一
的官派鎮長丁瑞彬書寫的捲軸書法墨寶，彌足珍貴。鎮長王惠
美曾頒發感謝狀，予以表揚其善舉。

　　此外，捐出的還有鹿港知名書畫家黃天素的一幅對聯、日
據時期鹿港神社啓用時的紀念杯一只，以及日據時期的《彰化
郡鹿港地圖》、《彰化郡昭和15、16年期甘蔗植付預定面積台
帳》等史料。

丁瑞彬墨寶　丁瑞彬是鹿港光復後
的第一任官派鎮長，娶辜顯榮長女
敦治爲妻。丁未年（1967）書寫李白
「遊洞庭湖五首」之詩句書法贈送丁
玉書（攝影：丁志達，2005）

第三篇

鹿港人家

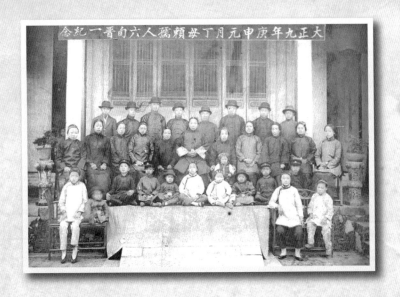

大正九年庚申元月丁母賴孺人六前晉一紀念

十三、嘉慶君訪日茂行

世國鹿港訪日茂　初逢林品不相會。
　　　　　　　　——《嘉慶遊台灣》章回小說第十六回

　　作者的二十媬母（黃蔡，生於清光緒十四年，鹿港書法家丁玉熙的母親）的娘家，住在鹿港鎮泉州街附近，偶爾也會提起她的鄰居日茂行的逸事傳聞講給還是小孩的作者聽。

鹿港首富之家

　　日茂行為原籍泉州晉江人的林振嵩所開設之船頭行，於清乾隆三十年（1765）自石獅永寧渡海來台經商，以經營食鹽及海產漬物買賣而起家，創立「日茂行」商行。
　　乾隆四十九年（1784）鹿港開埠，設口岸與泉州蚶江對渡通航，林氏把握此一良機，從事閩台之間貿易，擁有大小商船百餘艘，並籌組「泉郊」，累積數百萬資產，自清乾隆年間至道光二十年（1840），日茂行執鹿港商業牛耳，榮居「八郊」

日茂行門牌 日茂行是原籍福建永寧的林振嵩所開設之船頭行，為鹿港八郊中的泉郊首富，門前鐫刻「日茂行」三字於石板上（攝影：丁志達，1980年代）

之首富。

清乾隆五十三年（1788）林振嵩因母喪回泉州奔喪後，定居泉州，頤養天年，日茂行的經營交由林振嵩三子林文濬（又名品、元品，字金伯）接手。林文濬於道光六年（1826）逝世後，由其五子林廷璋繼承，然而此時鹿港已經因為港口淤塞逐漸沒落，日茂行因而衰落。

建築藝術

日茂行為三進二院的建築格局，根據林品之第七代裔孫林貴全稱：「日茂行邸宅建於嘉慶十三年（1808），當時為石樓、石梯之樓房建築。前院設有旗杆與拜亭，亭前有一池

塘，乃於興建日茂行時掘地取土塡地基，竟形成一池。邸宅在清末改建爲平房。後來拜亭及院牆均被颱風吹倒，池塘亦被塡平。」

　　民國八十七年，鹿港鎮公所開闢道路時，拆除了日茂行部分結構，目前僅存門廳與正廳，正廳門楣有一塊「鰲波東注」匾，「鰲」指鰲城，即泉州永寧，說明林家祖先由永寧城來鹿港經商貿易，故曰「鰲波東注」。

嘉慶遊鹿港

　　有關嘉慶太子由遊鹿港的傳說，可能取採自古鴻文撰寫的章回小說《嘉慶遊台灣》，它顯然是《乾隆君遊江南》的翻

日茂行舊貌　未修葺前的日茂行原貌，其住家附近便是大海。繁榮過盡後的滄涼，日茂行是活生生的寫照（攝影：丁志達，1980年代）

版。

　　卻說太子離開龍山寺，直對小巷進入大街頂而來，看見街路上全部是「不見天」，下面是磚路，街路男女來往不絕。諺云：「一府二鹿」不虛傳，果然鹿港是大市鎮。太子三人在街上遊玩，日暮時分，入客棧投宿。

日茂是何人之宅？

　　翌日，太子三人對泉州街而來，行到日茂，見大厝裝飾果然壯麗，太子三人由大門而入，家人看見三位客官入內，親切迎入客室，請坐獻茶已畢，家人問客官曰：「貴客家在何方，尊姓大名？」太子答曰：「家住北京，姓高名世國，因聞貴主人林品先生芳名，特來拜訪。」家人曰：「容我入內，稟明我主。」後即入內，對主人稟告。

　　林品正在整理租項，想此人素不識面，況且北京人氏，不如租項整理清楚始與他相會，乃對家人曰：「你出去，以禮款待，言我出外不在，若是他要等候，即引入書軒安宿。」家人領命。

　　其夜酒飯已畢，太子在書軒安睡，忽夢見父王龍體日加十分沉重，太子在夢中驚醒，意欲回宮省親，尚未知所夢之事吉凶如何，暗記在心，睡到翌日早晨。查某嫺為進臉湯與早餐，欲入書軒，忽見王發捧面盆跪在高先生面前候侍洗臉。家人見之大驚，轉回內室，稟報主人。

喬裝外出而歸

　　林品聞言，隨與嬋婢來到書軒偷看，見此人龍眉鳳眼，兩耳垂肩，生成一表人材，暗想此人非是皇親必是國戚。林品入內，隨時備辦，足穿草鞋，手執雨傘，打扮出外模樣，對後門往田間走去，兩腳塗得泥土，再歸家中，對大門而入，命家人捧水洗腳。

　　高某見林品如此勤勉，甚為感動。家人對高先生曰：「回來此位就是我主人林品」，家人又對主人再介紹這位是北京人氏高先生。林品即謝罪曰：「客官遠來，我因俗務不能陪客，殊為失敬。」高某曰：「如此勤勞，我甚感心，一勤天下無難事。」

大觀匾額　日茂行正殿神龕上方「大觀」匾（上款為：金伯仁兄雅正，下款是：慶襄書），一詞取自《易經》觀卦：「大觀在上，順而巽，中正以觀天下。」（攝影：丁志達，1980年代）

安排世國船班返京

即日高某對林品曰：「我等來台已久，各地都有觀賞，意欲回歸北京，我因此地生疏，船隻欲託兄辦理，未知貴意如何？」林品曰：「兄之託不敢不遵命，請再暫住數天如何？」高某曰：「後會有期，我若回到北京，即當修書與兄。」

林品已知此人非俗，十分敬意奉侍，隨託人請船。翌日，船手來報：「船隻已備」，林品隨時轉告客官曰：「船隻已備，若不能久住，不敢強留，總是以後若有機會，再來一遊，以增寒舍之光輝。」

太子回宮謁父王，數日後，父王駕崩，太子登基。不久，復派王百祿帶密旨來台。未幾已到鹿港向泉州街日茂而來，林品聞報出來迎接，王百祿入林品家宅，提出天子嘉慶親書信與林品，林品接看書信方知當今天子，即時跪拜頓首謝恩，令家人辦酒筵招待王百祿。

太子樓與蝦穴

再說有一位泉州地理師，聞臺灣地理多龍山，所以富戶多，由安平上岸，向各處查究地理。向鹿港大路而行，他見鹿港街非常熱鬧，便問旁人曰：「是何處熱鬧？」旁人曰：「因林品之日茂受嘉慶君勒封為太子樓。」

地理師聞言十分想不出，小小一位民間富豪，那有如此福氣，莫非是風水厝宅所蔭。地理師到林品宅，果然壯麗，細

看地勢方知是蝦穴,忽然看見油漆匠用紅漆在漆旗桿,進前阻止,說要漆青色方合理。

油漆匠引地理師見林品,林品令家人備酒款待,無所不至,然後問地理師何處人氏,地理師曰:「我乃泉州府安溪縣人,姓楊名桂參,對地理研究多年,今日到貴地來,見貴處地理,照貴處地理為風水所蔭,方得受封太子樓。」林品聞言哈哈大笑:「我祖宗之風水,好在何處?」地理師曰:「明日往看,再開羅庚自然知道。」

翌日,地理師往林品祖宗墓地開羅庚,林品隨地理師行了半日,回宅之時再看厝宅,地理師心中暗想:照風水看來也平常,明是蝦穴所蔭。林品問曰:「你看如何?」地理師曰:「我詳細說明:若照風水是普通,厝宅更好。今日勒封太子樓,亦為厝宅所蔭,旗桿要漆青色方為合格。」

林品聞言,心中甚覺不快,暗想江湖術士,只是要錢,何必深信,隨令家人備旅費相贈,地理師接受他送旅費,離開鹿港街。地理師離去後,林品仍將旗桿漆紅色,此乃敗蝦穴之因。

依照此文記述,林家所以能成為富豪,甚至於榮獲勒封太子樓之譽,悉賴邸宅地勢屬「蝦穴」。而昔日海水可以來到他家大門前面,海蝦得海水的沾護,當然家運隆昌,可是由於林氏不懂勘輿之「學理」,將旗桿漆紅色,等於海蝦煮熟變紅色,則表示已死亡,所以家運從此中落。

查某囝賊的故事

某年，從大陸運到數十甕海產「珠螺膎」（醃漬物）到鹿港販售。這些醃漬物是托運靠行的，但經過半年一直都沒有貨主來提貨。按照慣例，這批貨就被「日茂行」沒收，以充當運費。

那一年，日茂行有一位嫁出去的女兒，因夫家家道突然中落，回娘家訴苦。老爸靈機一動，就說：「我這兒有數十甕珠螺膎，就讓你們夫妻拿出去賣，所得款項就歸你們所有，也可幫助你們生活費用。」

第一天，女兒用人力車拖了一甕去賣，第二天馬上回報父親，說是生意出奇的好，第二天又要再拖一甕出去賣。如此一來，幾乎每隔一、兩天女兒就回棧房運走一甕，老爸只覺得這種「珠螺膎」生意為何這麼好？大概是女兒善於推銷吧！也不疑有他。

某日，該行豬舍內飼養的母豬發春，到處亂竄，家丁要追捕牠，母豬卻逃入棧房，把棧房內堆放的那批「珠螺膎」甕打翻了。剎那間，只見膎漬破甕流出，甕中竟埋有一錠錠的銀子。家丁看傻眼了，立刻稟報頭家，頭家看到這情況，不禁大罵：「查某囝賊！查某囝賊！（查某＝女性）」

真相大白之後，日茂行老闆意外獲得大批銀兩，為感謝這頭母豬，請人替牠穿耳洞，讓牠戴了一付大金耳環到處遊走，以作犒賞。

十四、保守儉樸鹿港人

有酒矸，倘賣無？歹銅古錫、簿阿紙，倘賣無？

——民謠・收買破爛歌

　　鹿港港口淤塞後，許多鹿港男人紛紛外出謀生，稱為「鹿僑」。從能吃苦耐勞、體力充沛、幹勁十足的碼頭挑貨的苦力（鄉人叫「箍落」）和鹽場挑夫，到學有專長、擅於會計或文牘（字、墨、算）的幕僚，都深受各地歡迎。以往台灣曾有一句俚語：「鹿港查晡，台北查某。」便是稱道鹿港男人的勤苦耐勞種種優點，及台北女人巧於裝扮的現象，凸顯了兩種不同類型的謀生方式。

保守、固執、寒酸、孤介

　　鹿港政論家葉榮鐘，他曾以「保守、固執、寒酸、孤介」八個字形容鹿港人的個性。

　　有一句鹿港諺語說：「新例毋設，舊例毋越。」這可以做鹿港人保守的註腳，這種人有些土頭土腦也是理所當然的。

固執的屬性就是不妥協的，個性強，工業社會所要求的是質量均相等的規格品，不合劃一的標準是沒有利用價值的，個性強就難免被歧視甚至被淘汰。寒酸，是鹿港人在窮苦的生活中造成的劣根性，在講氣派、重面子的現在社會，寒酸是要受鄙視的。孤介，說好聽一點是孤芳自賞，但是大有趕不及公共汽車的危險，這是注定要落伍及被遺忘的。」

洪棄生的個性

鹿港詩人洪棄生，光緒十七年（1891）出生，日人領台後絕意功名仕進，閉門讀書，不著西服。例如，當年舉世流行窄袖短衣，而他仍日日穿他那早已過時的寬博長褂，袖寬一尺有奇，手搖大蒲扇，朧腫過市，見者無不怪視，而他則泰然自若。這是因為當時一般的衣服漸趨洋化，且採用倭（日）式的裝扮，以為表示無言的抗議起見，特意如此作為，借以喚起一般人的民族意識罷了。

大正九年（1920），日本作家佐藤春夫來台觀光，途經鹿港，慕洪棄生聞名，想訪問他，請他的兒子洪炎秋（《國語日報》創辦人之一）安排，卻吃了閉門羹。當佐藤春夫獲此回音後說：「這個答覆和有面對其人的印象，一樣的有價值。」給他當嚮導兼秘書的許媽葵也跟著說：「他是個性情古怪的人，寧可說是頑冥的人，儘管是很有教養的人士，卻依然留著現今中國苦力也少見的辮髮，不僅如此，穿著寬博長褂的舊式衣服，手搖著一把大蒲扇。」

女兒眼中的父親

《聰明的爸爸》是鹿港作家嶺月（丁淑卿）寫的一本暢銷的兒童書。這本書以日本統治台灣時，鹿港一個書香門第家庭，在那個充滿不安、矛盾與激烈衝擊的社會環境中，聰明的爸爸怎樣以智慧、開明、幽默的方式，教導聰明的小惠（故事的主角）和家人，並帶領他們要有民族尊嚴，並發展出堅毅的性格和明確的人生觀，成為一個有骨氣的台灣人。

《聰明的爸爸》影射的是嶺月的父親「丁瑞乾」（趨勢科技陳怡蓁的外祖父），在書中可說為這位「爸爸」的角色做了成功而鮮明的畫像。

徵兵制宣導會　日據時代徵兵制實施感謝表揚大會，會場標語為「祝兵役實施 期聖戰完遂」，主持者為鹿港街長扇滋男（提供：丁玉書）

鉛筆盒的故事

　　陳丁清霜（陳怡蓁的母親）在其著作《我與我的母親》第十六章「關於父親丁瑞乾」的文章中，是這樣描寫其父親的。

　　他畢業於台南師範學校，日文與漢文造詣都很深。日據時代創作日本俳句、短歌，曾獲全台第二名，而第一名是日本人。丁家大宅裡有一間讀書室，爸爸每天晚上八點至十點就集合丁家所有上學的孩子們在那裡複習、預習功課。

　　當我小學三年級時，看到班上副班長和幾位家裡較有錢的同學都帶著塑膠材質、印有花紋的鉛筆盒，在當時是很稀奇的，我非常羨慕。

　　家裡大廳裡，有爸爸一櫥櫃的書。某一天，我發現書櫃最上面竟有一個同樣新奇的鉛筆盒，我好想擁有它。晚上我下決心把椅子推出來墊腳，再踮起腳尖，嗯，那鉛筆盒近在眼前，比同學的還漂亮呢！我伸出手就快要拿到了，卻同時聽到爸爸的腳步聲，我趕緊轉身向爸爸要求，「爸爸，請你把那鉛筆盒送給我好不好？」他二話不說，「啪！」一下重重的一掌落到我肩膀，我一時重心不穩，從椅子摔下，媽媽見狀，搶一個箭步過來扶我，也遭了池魚之殃。只聽爸爸丟了一句話：「愛慕虛榮。」便悻悻然離去。留下我們母女倆相抱痛哭，我委屈地邊哭邊訴，「我是班長，為什麼副班長有，我就沒有？」從這次以後，我變得很怕父親，再也不敢有額外的要求。

夫妻恩愛不渝

父母在年輕時曾有一段恩愛時光，年紀越大越不融洽，經常爭執，媽媽總是怨嘆當年父親硬要去他家提親。

到了晚年父親退休之後，終日讀書寫作，竟與一位女作家成為無所不談的筆友，經常魚雁往返，甚至也見過面，為此媽媽大大不諒解，氣憤不已，罵他「老不休」，時常聽到爸媽發生口角。

我們兄弟姐妹無可奈何，曾想合資讓爸媽去日本一遊，散散心也許暫時忘掉煩憂，但媽媽堅持不肯，理由是她一旦出國一定會想買些禮物回來分給大家，而爸爸好吝嗇，一定會在旅行中發生口角，哪能有愉快的旅遊？因此恩愛夫妻到年老那段

第一公學校教職員　鹿港第一公學校教員丁瑞乾（二排右四）為丁玉書的堂兄及國小老師（提供：丁玉書，1929）

時光卻都過得很不愉快，這是我們子女覺得最遺憾的一件事。

爸爸於民國七十三年過世，留下《酉山詩集》，以及無數詩詞、散文和書信，但是他對我來說，仍是一個不苟言笑，難以親近的父親。

只要肚兜，不要杜邦

民國七十四年八月一日，經濟部正式核准美國杜邦（DuPont）公司的投資案，擬在鹿港濱海工業區設置二氧化鈦（化學式為TiO_2）工廠，總投資金額高達新台幣六十四億元，是當時海外來台灣單筆投資金額最大的申請案，但意外引發了鹿港人反杜邦的骨牌效應。

反對杜邦設廠，最初只是鹿港人李棟樑在競選彰化縣議員席次上的一個政見訴求而已。但由於反杜邦事件打著「環保愛鄉」的旗號，「只要鹿港，不要杜邦。」、「只要肚兜，不要杜邦。」塑造成無關政治、無關民主，一切都是如此正當，竟也因此使當時的政府難以招架。

翌年十二月十三日，三百多位鹿港人兵分三路，以進香團的名義北上，再集結於總統府的周邊，拿著事先準備好的「怨」字牌，以徒步方式走向總統府，替台灣街頭社運寫下重要的里程碑。

民國七十六年三月十二日，杜邦公司宣布撤資，整整四百天的反杜邦運動結束，鹿港人獲得空前勝利，更連帶推動台灣民主化向前疾行，因為沒有鹿港杜邦事件就沒有《集會遊行法》的誕生，也沒有當年政府宣布的解嚴、成立「環保署」；

更沒有後來民國七十九年的「台灣地球日」，以及接下來一連串的學運、工運和媒體、民主改造運動。鹿港人台大教授施信民（作者的表弟）說：「反杜邦運動是台灣第一個反對新增污染源的運動。這個運動還創造了台灣環保運動多個第一：第一次反公害遊行、第一次到總統府示威、第一次結合民俗活動、第一次結合大專學生和老師、第一次反對開發案成功。」

鹿港硬漢的故事

丁瑞魚，是丁家第二十二世子孫，於清光緒二十七年（1901）生於晉江陳埭，為丁寶光之三子。大正八年（1919）考入台灣總督府醫學專門學校。畢業後，負笈東瀛，讀日本大學醫科，學成後曾返鄉執業，但因不滿日人壓迫，遷居廈門，在集美學校教書兼任校醫。婚後，夫婦為求新環境發展，轉往大英帝國的殖民地新加坡，擔任礦山醫院院長，留滯海外十幾年。

鎮民代表合照　鹿港鎮民代表會第五屆任期屆滿（1958）在鎮公所前合照留念，當年政治還是男人的事，女性參政者了了無幾（提供：丁玉書，第二排左一，1958）

志願兵送別 昭和十七年（1942）中途島戰役前，實施徵兵制，鼓勵青年當志願軍，入伍前與街長田口茂雄（穿西裝者）合照留念（提供：丁玉書，1942）

鹿港硬漢 丁瑞魚（前排右四）、洪若蕙（左四）在民國四十三年爲其長子丁守眞在鹿港丁家古宅內主持婚禮（提供：丁玉書，1954）

　　太平洋戰爭爆發後，乃辭職返回台灣。不久後，又被徵調充當軍醫，隨兵團派赴蠻荒之地新幾內亞島，對遇有患重病的台籍士兵，他秉持同胞愛，特別加以照顧，設法向上級簽報，應送回台灣醫療，因而救活了不少人。

　　終戰後，他返鄉繼續行醫。但在二二八事件時，卻無端被捕，囚禁數天。賴其表兄蔡繼琨少將營救，才被釋回。

　　民國六十二年病逝於台北。他的表兄《國語日報》創辦人之一洪炎秋爲他做了一篇墓誌銘：「我這表弟，是個硬漢，爲了正義，不惜一拚。敬業樂群，卻不怠慢，家教成績，更是燦爛。五男六女，個個能幹，長眠永息，可以無憾。」

十五、鹿港媳婦不好當

妻子說：「良人，你不是愛聞香麼？我曾托人到鹿港去買上好的沉香線；現在已經寄到了。」她說著，便抽出妝台的抽屜，取了一條沉香線，燃著，再插在小宣爐中。

——〈香〉‧作家許地山

　　鹿港俗諺說：「施黃許赤查某，娶了施黃許，敬如天公祖。」鹿港居民以泉州籍移民占多數，而人口中，施、黃、許共占了百分之八十以上，勢力龐大。是故如有紛爭，三大姓穩操勝算，其他小姓人家只有忍一步，退回自家宅園裡，不敢再跑出來對罵。故他姓若娶了施黃許三姓人家的女子，必須小心翼翼，免得冒犯了三大姓的女子，娘家興師問罪時，難以消受。

埔里人嫁到鹿港

　　鹿港媳婦施陳秀蓮女士（施振榮母親）曾述說一段她嫁到鹿港施家後「不愉快」婆媳相處的生活點滴。

116

施家少女 捲髮、戴髮飾、擦口紅、穿旗袍、掛珍珠
項鍊、披外套，施彩鸞（右）青春少女的寫真照（提
供：施彩鸞）

　　嫁進施家那天，我記得很清楚，民國三十年的農曆十二
月，還有四天就過農曆年，我的頭家怕娶新娘耽誤了時辰，前
一天就從鹿港來，住進埔里鎮上的旅館。

吃素但要做葷食

　　嫁到施家後，我得適應學做葷菜，過去在埔里從未煮過
葷菜、肉食，在鹿港就得學習給雞拔毛、煮葷食，開始時，在
廚房裡聞到氣味，還非常不舒服，所幸施家也尊重我的素食
習慣。當時我仍吃素，每次炒一盤青菜，就先盛一小碗放在一
邊。我記得剛嫁到施家，一天有十六個人吃飯，公公、婆婆、
八個兄弟、小姑、我及兩位做香師傅和兩位學徒。

起早來做香

施家是鹿港最大的香舖之一，到現在施美玉香舖還是鹿港地區歷史最悠久的香家。每天一早就得起來做香、曬香，和妯娌們一起，沒有誰的工作輕鬆，每一房媳婦嫁到施家都要跟著香舖師傅學做香。吃完飯，我們就開始工作，師傅負責做香，我們家眷大部分做包裝、貼標籤的工作。

流淚過日子

我除了煮飯、洗衣服、做家事，手一閒，就得快快坐在店內工作。那時候我還年輕，一個千金小姐嫁給施家，突然面對

婆媳不睦的場景　施美玉香舖的創辦人施智亭在清乾隆三十九年（1774）於福建開始製香，第二代的施恂誠渡海來到鹿港，成立施美玉香舖在台分店（提供：丁志達，2014）

大家族，天天得煮三餐、做家事、忙裡忙外、跑空襲警報，有時候腰都直不起來，做完全家吃食、清理灶腳（廚房），又得洗香枝竹柄。冬天的時候，風一吹，門板吱吱響，我的手浸在水裡，淚就滾下來了。

婆媳關係緊張

我剛嫁過門，第一次和婆婆進大灶生火，她說：「我們施家不是大戶人家，一切要節省，一塊柴就得升起火種。」可是我在埔里老家，都得用三片柴才能起灶，這對我是多麼大的考驗，我才十八歲，剛嫁入婆家，還有點想家呢？

做菜時，婆婆要求省油、省火、省菜，一個大炒鍋裡，高麗菜在右邊、芹菜在中間、左邊是空心菜，一起起鍋，還不能混在一起炒，鹽放多、放少都有話說，嫌我笨手笨腳，不懂得節省持家。

每天早上要端洗臉水進房，伺候婆婆梳洗，水冷了、燙了，天天都是嘮叨、不滿，飯菜要端進房裡，等公婆用完，再輪到自己吃，當時我是長媳，一般的婆婆娶了媳婦，就是開始享受，卻苦了媳婦們。

逃回埔里娘家訴苦

我的婆婆喜歡嘮叨，常常嫌我手腳慢、不專心、煮的飯難吃……，她一面嘮叨，我的心就往下沉，後來受不了，好幾次，就偷偷跑回娘家，我記得第一次偷跑回家，煮過早點，多

穿了幾件衣服，沿著田埂，跑到另一處村莊去坐車。

後來，我的頭家來接我回去：「我對妳不錯呀！只是大人對妳囉唆，這些年只好忍耐啦！」我就收起眼淚跟他回家。一路上，我就想，不要嫁鹿港人了，是不是我的嫁妝少了，讓公婆看不起我呢？我好像不是媳婦，像個「查某嫺」。

看了這一段外地人嫁到鹿港當媳婦的苦情告白，真是「家家有本難念的經」，不說出來，還以為嫁到鹿港人家是要過「幸福快樂」的日子。所以，古昔的女人肚子要爭氣，生個男兒，等個二十年娶了媳婦，晉升為「婆婆」，所謂「媳婦熬成婆」，她就出頭天了。

辜家長媳寫小說

昭和十七年（1942），辜家媳婦辜顏碧霞（中信集團前董事長辜濂松的母親）用日文出版了一本小說《流》，講述著大家族媳婦守寡的辛酸與奮鬥，跟她自己的實際遭遇幾分神似。書中有一段話說到主角「美鳳」望神思念過世的丈夫，想到結婚當時：「她穿著粉紅色的新娘禮服，罩著亮麗的粉紅面紗……。」現實裡的作者，是在昭和七年（1932）與辜顯榮的公子辜岳甫結婚。

借「美鳳」心情話自己

出身書香的辜顏碧霞，台北第三高女畢業。翌年便嫁入鹿港辜家。二十三歲丈夫辜岳甫急病辭世，年紀輕輕就開始了守

小說《流》的場景　小說《流》
的創作背景，據說就是在描述這棟
洋樓內的大家族成員之間的恩恩怨
怨的故事（攝影：丁志達，1980年
代）

寡的人生。按照父權社會的規劃，她得在深閨中渡過漫長的下
半輩子，含莘茹苦帶大一對兒女，以期日後能夠光耀門楣。

　　書中女主角「美鳳」的角色，其實有著強烈的作者自我抒
懷成分，易言之，「美鳳」可視作辜顏碧霞在文學領域中的替
身。隨著小說故事的推展，「辜顏碧霞」以寡婦身分，在豪門
權力鬥爭中一路行來的傳奇經歷，的確在書中歷歷可見。

　　再者，《流》中其他人物的性格和親族組成，和當時人所
知悉的辜家內部親族組成極為相似。在小說中，大家族的家長
王醫師一共有四位夫人：阿嬌夫人、多蜜夫人、阿月夫人和出
身陪嫁丫鬟的英花夫人。而辜顯榮較為人知的夫人，也是相似
的組合：四位正夫人和一位出身丫鬟的夫人。「主角」美鳳和

婦女救護隊　日據時代，鹿港成立婦女救護隊，定期在鹿港第二公學校操場演練擔架使用法（提供：丁玉書）

「作者」辜顏碧霞身處一個極為相似的家族生活環境，這種安排，似乎更有利於作者抒發真實的心聲。

據說因為《流》這本小說暴露了豪門恩怨，影射辜家內部的財產爭奪的家族中複雜的糾葛關係，故此書一問市，辜家家族成員甚為震怒，把市面上所有刊行本搜羅殆盡，幾無流通。

民國八十八年，辜顏碧霞在平反了自己民國四十年代因為資助家教音樂老師呂赫若而歷經的冤獄後（坐了十年牢獄之災），這本小說同時以中譯本的形式，重新出版。

丁家媳婦的怨嘆

趨勢科技張明正的岳母陳丁清霜女士（鹿港人），在她的著作《我與我的母親》書中，回憶著一段她的母親（梅碟）嫁

梅碟 梅碟（右）是丁瑞乾的夫人，作家嶺月的母親，養育十個小孩，長大後各個成材成器（左爲施彩鶯，攝影：丁志達，1980年代）

入進士宅邸裡的新婦生涯。

　　書上說，一個中等殷實商家嫁入了沒落卻又十分驕傲的進士之宅（指鹿港新協源丁家），梅碟的壓力可想而知。婆婆（指秀才丁錫奎嫡配丁林芸）纏著小腳，慣常吸著鴉片，與獨生兒子（指丁瑞乾）相依爲命，如今有了個媳婦，又是兒子一見鍾情非要娶入不可的貌美女子，心裡的不爽一定到了極點，總覺得兒子被搶走了，對媳婦從無有好臉色看，冷冷淡淡，擺出作婆婆的威嚴來。

　　每天一大早起床，梅碟先端洗臉水、泡茶、煮飯服侍婆婆與丈夫。一人從早到晚，清掃屋裡屋外、打水、洗衣、買菜、生火、煮飯一手包辦，並無佣人相幫忙。但是婆婆永遠不滿意，她總是輕輕說句：「太鹹了！」或是「太淡了！」，更不

高興時，就說：「根本無味道」。

總之，就是嫌媳婦不會當家，梅碟雖然表面順從，其實骨子裡好勝、好強，她整個臉都變了，敢怒不敢言，有時就輕輕地把筷子放在桌上，不吃飯了，靜靜走入房裡淌淚。

放屎換糯米的故事

「世說鹿港人尚敢死，放屎欲換糯米。」這句俚諺表面說出了鹿港人排泄的大便，猶要拿來換取糯米，以便製作年節拜拜的龜粿、包粽子的原料；但反面來說，表現當時台灣農業社會都避免高價購買金肥（化學肥料），而以人力收集人肥作為農地基肥的辛勞。

早期的鹿港公共廁所並沒有女用廁所之設置，需在家如廁，所以一般人新婚時，新娘嫁妝一定有帶一組子孫桶（馬桶）來夫家，分為大便、小便、兒童洗浴用大盆三項。而在住宅內空地的角落放一個瓷（陶）缸，以便儲存每日所放糞便，而鹿港附近農家定期前來收取，而以十六歲以上婦女人口數，每年每人付給一小斗糯米，以為酬謝，所以就有「放屎換糯米」的風俗流傳下來。

十六、頑石老人歸鄉夢

故鄉的歌是一支清遠的笛／總在有月亮的晚上響起／故鄉的面貌卻是一種模糊的悵惘／彷彿霧裡的揮手別離／離別後／鄉愁是一顆沒有年輪的樹／永不老去

——《七里香・鄉愁》・作家席慕蓉

丁玉書，生於大正四年（1915），民國九十六年在北部辭世，享年九十三歲，其一生見證了日據至戰後的鹿港興衰史，是一位保留鹿港傳統文化內涵的代表人。生前作者曾問他：「有何養生之道？」他說：「他沒有養生祕笈，否則，他不會在公職退休時選擇一次領完退休金。」

名字與別號的由來

「玉書」之名，乃取自《幼學瓊林》書上的「麟吐玉書，天生孔子之瑞」的典故，因其父親的名字為「寶麟」，名字取得真好；別號「頑石」（清鄭板橋曾得一硯台，請一位老先

學生照 昭和五年（1930）六月丁
玉書（坐者）就讀台中一中與同學
合影（台中岡崎攝影社，1930）

生寫一段跋語：得美石難，得頑石尤難，由美石而轉入頑石更
難。美於中，頑於外，藏野人之廬，不入寶貴之門也。），顯
然「頑石」乃有凸顯其個人的人格特質之處。

　　他的長兄「瑤池」，因其母親王福氣，乃取「瑤池王母」
而來，兄弟二人的名字均承自父母親名字的延伸涵意而命名，
也說明了鹿港丁家是「書香世家」，取個小孩名字都有典故可
查。

頑石　「頑石」是丁玉書的別號，拍自金門太武山頂上一塊勒石碑文（攝影：丁志達，2013）

丁寶麟合家照　丁寶麟（右坐者）是鹿港拔社的成員之一，丁玉書（右一）、丁瑤池（站中間）、王福氣（左坐者）的全家福合照（提供：丁志申）

承擔家業重責

他的兄長在昭和三十二年（1943）罹患了胃出血，當時住院輸血費用高昂，在鹿港街役場工作的他，月薪二十四日圓，又要養五口家人（父母、配偶、兩個小孩），而其父親也年老沒有工作，閒賦在家，在父子商量下，只好放棄急救。但是他不能放棄兄長留下來的子女不管，至少要讓他們每人都能接受最起碼的教育，當兄長的長女丁小慧小學畢業後，馬上介紹她到鹿港信用合作社工作；其長子丁伯銘初中畢業後，有意栽培其侄兒讀高中，但作者堂兄丁伯銘為了要減輕當年叔叔要照顧這麼多家人的生活負擔，就放棄升學北上打工，由於他的上進，後來擔任了台中外貿協會的首任總經理。民國三十七年，作者的祖父過世了，而纏足的祖母，在其晨昏奉養下，活到九十七歲無疾而終，「孝子」當之「無愧」。

力保鎮產　考績乙等

　　台灣光復後，在車頭前（文祠邊）有一片公有魚池地，曾有許氏等二人承租，契約書內明文規定，該地係市場預定地，無論何時，只要鎮公所要規劃這塊土地時，就可以馬上收回國有。但租約一到期，承租人卻抗拒不退租，致使鎮公所向法院提出訴訟，不過民間人士卻有辦法打通司法，最後即以魚池係屬耕地，按照《耕地三七五減租條利》第5條例規定，租期不得少於六年爲由，判決原告（鎮公所）不得收回。

　　此案一直拖到第六年，公所再度提出討回公產訴訟，一審、二審鎮長都不出庭，全部由他出庭辯論，最後如願收回。他這五年因這塊地懸而未決，鎮長以工作不力爲藉口，連續

迎接省主席　台灣省主席陳大慶在民國五十八年蒞臨鹿港巡視，財政課長丁玉書與他握手（提供：丁玉書，1969）

五年的年終考績均列於二（乙）等，他真的無語對蒼天。一旦討回魚池土地訴訟官司獲勝，鎮長卻據此呈報台灣省政府，省府乃發布鎮長記功一次，但長年為官司出庭力爭，奮戰到底的他，卻沒有得到任何的獎勵，也許是「頑石」的個性使然吧！父親考績被打乙等的那五年，我家過年時，家裡就少了「半個月」的考績獎金可辦「年貨」，只能靠著母親替人做「衣裳」的「工錢」來度過跟別人不一樣的新年，也許這就是官場現形記中的「冷暖人間」、「人生百態」的寫照吧！

做官清廉　還他清白

在鹿港鎮公所要收回車頭前魚池時，承租人陳情鎮民代表會。承租戶說：「他曾經有一次捕捉池塘內的淡水魚贈送給某些鎮民代表及鎮公所有關人員，這些人有的收了禮而又要收回租地，於情於理是不妥當的。」這一席話讓鎮民代表群起譁然，責備鎮公所有關人員（包括他在內）有收禮之嫌。

他在鎮民大會席上，義正詞嚴的對著代表說：「妻內（太太）曾對我說，有一次承租人提鱧魚、烏仔魚各一尾送到我家，家內馬上叫長女少華提還給承租人。」

因此，他在鎮民代表會席上發咒誓，我未曾收到賄賂物。後來，經代表去審問承租人，只有他拒收退回餽贈，洗清了這「莫須有」的「影射」行為，還他清白。據說，當年鎮公所的鎮長、副鎮長及其他承辦人都有收到是項餽贈，幸哉！我家有個「賢內助」視大體，守分寸，讓他在公職生涯中處理每件公事都做得問心「無愧」。

鹿港活字典美譽

　　由於他經年辦理地方財政，深入暸解鹿港各行各業的動態，以及能如數家珍說出鹿港各個已消失的隘門地點、街名、公共廁所所在地，以及近百個舊地名的歷史典故，和所有鎮上房屋的番號及屋主姓名，而讓拜訪他的專家、學者嘖嘖稱奇。他曾說：「有一次在謝純熙宅戶調查其土地，番號為和興小段二三四番地，而隔壁代書謝巧峰隨口問他家的番號，我隨即跟他說，和興小段二三一番地，他接著說，我猜你可能說二三三番地，而您是如何能將正確地番講出來呢？我說，該土地向後

鹿港街防衛團員　鹿港街防衛團是充當警察輔助各機關維護治安工作，成員有蔡爲昆（左一）、丁玉書（左二）、吳啓燐（左三）、林坤元（班長，坐者）、楊紹珍（右三）、洪大樹（右二）、黃奕星（右一）（提供：丁玉書）

一直到純熙花園而後轉回來，而不是連號排序，他連聲說佩服！佩服！」

退休後，他一度曾擔任鹿港鎮調解委員，凡有關鎮內土地糾紛案件都交由他處理，並順利調解成立。同時，他也參與天后宮歷史檔案文書整理工作，及擔任龍山寺管理委員會秘書長，並經常指導專家學者及文史工作者。有關鹿港古蹟保存、文化資產，乃至丁家家族史的研究工作，他以過人的記憶力提供正確的鹿港歷史史料而著稱，乃被譽稱為「鹿港活字典」，著有《憶起鹿港普渡》、《勿忘草·鹿港》等文集。

修心養性釣魚樂

在《勿忘草·鹿港》書中提到，他在就讀台中一中期間，曾經擔任副級長、校旗護旗手、御眞影（天皇、皇后、皇太后

庭球比賽優勝隊 第一回鹿港街庭球選手權大會優勝紀念，球員丁玉書（左一）與全體隊員合照（提供：丁玉書）

遊獅頭山 民國四十四年五月八日，作者（站立者）與雙親在獅頭山水簾洞前合影（提供：丁玉書，1955）

相片）護安組長（保安員），一旦有重大事故發生時，應將「御真影」護送台中州廳，以策安全。

在中學期間，他曾加入野球（棒球）隊，擔任一壘手；籃球隊和擔任前衛的庭球（網球）隊，也是劍道一級的選手。他在服務鹿港街役場時，曾加入「鹿港街野球隊」，擔任一壘手，打擊順序排在第四棒；台灣光復後，鹿港鹽場組織「新鹿港隊」，他擔任的位置及打擊順次不變。鎮公所辦公大樓未改建前，其建築物旁有一座「網球場」，他在下班後，經常會到此地打網球（庭球）。

除了球類運動外，他在星期假日經常會到近郊的池塘釣魚，以平衡身心。以他多年來的釣魚經驗心得說：「釣標突突而生，蝦也；突突而沉，鯽也；沉而拖之，鯉魚也；二次突突

而浮出，非烏魚即鱙魚也。」這也是作者上初中所帶便當的一道主菜「蔥燒鯽魚」就是他的「戰果」。

返鄉夢碎的故事

民國九十五年，他因病昏迷送醫急救，當他清醒過來後，以極微弱的聲音說：「我要回鹿港」。一位出生在「不見天」老街的小孩；一位眼看著「不見天」老街消失的壯年人；一位一生的青春歲月在鹿港「役場」、「公所」工作的人；一位獨自收拾「家當」，帶著「包袱」離開了八十年生活圈來到陌生的北部依親的人，這時身邊又已經沒有老伴可相陪的「無奈」老人，在這陌生的環境裡，一下子住在中和、一下子住在永

鎮公所四元老 鹿港東崎重劃區路面施工，建設課長許朝香（左一）、主計長林耀南（左二）、財政課長丁玉書（右二）、民政課長黃桂騰（右一），合攝於打鐵厝與橋頭毗鄰的工地上（提供：丁玉書）

和，自己就像一只「陀螺」般不停的轉動著「驛站」，讓他多麼想念在鹿港生活時，可隨心所欲的「抽根菸」，然後再到菜市場小吃攤上吃個點心，並和一些「談得來」的老朋友，坐在鹿港龍山寺戲台下「擺龍門陣」話家常，對這位思鄉的老人獨自「返鄉」願望，他已無能為力了。

翌年春節過後，他就在「他鄉」過世了，家人帶著頑石老人的骨灰，車子先繞過鹿港老家門口後，再安奉在溪湖「丁協源墓園」。骨灰入塔，「頑石老人」的一生終於劃下了休止符。

綜觀他老人家一生，「無貪」、「無欲」、「熱忱助人」、「當官無架子」、「逆來受順」、「享受孤寂」，這種鹿港人的精神，誠如已故鹿港書法名家黃天素送給他的一副書法墨寶：「玉」德有成心常樂 「書」香品第門重高（此幅對聯，家屬已捐贈鹿港鎮史館典藏），是黃大師對這位老友的推許，也印證於他的別號「頑石」，名副其實，當之無愧。

傳薪 民國六十八年八月十三日頑石老人丁玉書正在對著前來請教的一群文史專家講述鹿港的發展史上的所見所聞（提供：丁玉書，1979）

十七、海海人生走一回

> 沒有人可以真的瞭解對方，而且也沒有人可以支配另一個人的快樂。
>
> ——果漢‧格林

　　昭和十年（1935）十月十日至十一月二十八日，台北公會堂（今中山堂）舉辦「始政四十周年台灣博覽會」（始政紀

台灣博覽會　始政四十年（昭和十年），日人在台北舉辦台灣博覽會爲期四十天的會場（提供：施彩鶯，1935）

念日是六月十七日），五十天內參觀人次達二百七十五萬人，其中有一位十八歲豆蔻年華的少女，遠從鹿港搭了一整天的火車，來到台北，就是為了看這次盛會，她就是施彩鸞。

檳榔、米酒、香菸

見過世面的她（生於大正七年），在她的一生，打破鹿港女人保守、守舊的傳統觀念，思想先進、為人「海派」，喜歡交接「低層」人士，所以，嚼「檳榔」、喝「米酒」、抽「新樂園香菸」就是她每天生活的「三暢」大事，因而交友廣闊，親戚朋友對她的稱呼是「瘋彩」。在她過世前四天，仍然照往例，早餐後，先打扮、化妝一番，手、腳趾塗上指甲油，穿上涼鞋，拿著小皮包，就走到玉珍齋對面「檳榔攤」，先買

抽菸的母親 民國六十一年兒童節是作者訂婚日子，母親正在為其媳婦（林專）套上戒子時，嘴裡還含著香菸（提供：丁志達，1972）

檳榔、嚼檳榔,接著請人吃檳榔,然後與人「開講」,再到市
場買兩片闊白魚帶回家。四天後,救護車從彰化秀傳醫院把她
「載」回來了,怎誰也無法想像她已「瀟灑」的走完人生的最
後一程路,不再跟朋友在檳榔攤「開講」了。

姑換嫂的故事

　　她是鹿港九間厝(意和行)施富的長女,從小在「富裕
人家」長大,不愁吃、穿。她的哥哥施秋山(作者稱呼她為二
舅)娶了丁家七房寶位公三女丁堜英(作者稱呼她為四姑)為
妻。由於姑嫂相處融洽,這位二嫂就當了媒人,將這位姑姑介
紹給了服務在鹿港街役場,台中一中畢業的堂弟丁玉書。

　　這對新人的結婚迎娶方式,是打破舊社會「坐花轎」的
習俗,而是用「黑頭車」(轎車)迎親入門,又是在閏七月結
婚,丁家公婆為這對新人準備的「洞房」,是採用線條簡樸的

意和行的大家長　施彩鸞的父親
(施富)與母親(黃過)在其意和
行的住家庭院前合照(提供:施彩
鸞)

日式「眠床」，而陪嫁的傢俱也都是「洋化」的衣櫥，並隨身
帶來一位「查某嫺」（六歲）來替她做家務事。

為人做衣裳補貼家用

　　雖然她僅是鹿港女子公學校高等科畢業，但她懂日文與
漢文，又喜歡做女紅。在生前，她的親戚只要從台北回到鹿港
探望她時，一定會帶給她最新的「日文」洋裁雜誌做「伴手
禮」，以及送給她「布料」，因而，她的穿著有點「標新立
異」，不同凡俗，因為她穿的衣服「花色」，在鹿港的布店買
不到，衣服樣式又參考雜誌上的圖樣設計裁縫而成，別樹一
格。後來為了補貼家用，乃替人做衣裳，每年過年前最忙碌，
車好衣服，二女兒少智忙著將衣服拿到住在街尾的姨媽家縫繡

刺繡品　這一幅繡花又題字的絲織
品，是作者母親少女時的女紅作品。
在「繡帳春濃 洞房漏永」文字的下
方各繡有一對蜻蜓在花間蔓舞嬉戲，
表露出待嫁姑娘希望婚後過著恩愛日
子的期待（攝影：丁志達）

鈕釦後拿回來，晚上，丈夫下班後則忙著燙平新衣服，再由大女兒少華負責送到「顧客」家裡，並收工錢回家，這些做衣服累積的工錢，就是過完新年後，給子女要拿去學校繳納學費、購買書籍、校服之用。

典當翡翠蝴蝶

嫁到小埔心的二姑姆（丁研英），每一年都會回鹿港娘家省親一次。只要聽到二姑姆要回來娘家，就得要大清掃一番，因為二姑只要看到她要睡覺的「眠床」上的雕刻人物上有塵垢，就得重新擦拭，而每餐也不能以「家常菜」待客，一定要準備鹿港各具特色的海鮮料理招待，返回小埔心時，還要買些「伴手禮」帶回去，一趟省親，所費不貲，而他的丈夫是公務人員，早年待遇菲薄，為了張羅這些「開銷」，她就只好把從施家帶來的「嫁妝」中的某件首飾賣掉來「充場面」。

有一次，她將一件自己非常喜歡配戴的「翡翠蝴蝶」別針，賣給了鹿港鎮上的一位「醫師娘」，事後她很後悔，但也沒有錢可贖回。等到她的小孩都長大自立門戶時，手頭上也開始有點積蓄，就透過好友轉告這位「醫生娘」，想要「買回」這件配件，得到的回覆是，這位醫師娘已經將這件別針當嫁粧送給她的「女兒」了。

在民國八十年，作者在安徽屯溪的老街上，挑選到一件清代雕工的「福祿壽翡翠」配件，當這件配件成交後，剛好從北京來此收購玉器的兩位「古董商」看到了，要求作者借給他們鑑賞，然後說：「我們來晚了，真是一塊好料！」在返台的飛

機上，作者想到這塊配件，原主人是不是也藏著不為人知的秘密，跟當年母親賣出的翡翠配件一樣，無語問蒼天。

三女兒送人出養

她自昭和十四年（1939）至民國三十八年（1949）這十一年間，生下四女二男，在橫跨兩個時代（日據、民國）中，這些小孩的出生適逢二次大戰後期的物質缺乏、躲警報；大戰後的民生凋蔽，因而她將其中兩個女兒先後送養。三女兒送給洋仔厝的魏家，在小孩七歲時，她曾托人向魏家要求讓小孩到鹿港來讀書，卻遭到對方拒絕，因養父怕養女讀書後就不回魏家了。

女兒被火燒死

四女兒則送給住在鎮內許姓人家，家境不錯，奈何在民國三十八年國民政府撤退台灣之際，一批隨從國軍來台有家眷，無處可居，政府乃派員普查各家空屋情況後，凡有空屋的人家，政府強迫無償借給這批家眷居住。許家有一間空房，就由一戶「外省人家」入住，因他們單位有配給「汽油」作為燒飯的燃料，這位出養的女兒剛好懂事、好奇的四歲小孩，曾在廚房看到這戶人家用火柴點燃灶台瓦斯爐後會「發光」的奇景，在大人疏於照顧下，進入了廚房，拿起了火柴，模仿大人的動作點火，結果不慎碰觸汽油罐而起火，全身燒傷，送醫急救無效而死。這也許跟她後來會嚼檳榔、喝米酒、抽香菸，來自我「麻醉」，不去想她那些「不堪回首」的不愉快的往事有關吧！

回不了娘家的故事

民國七十八年六月
某日早上，在鹿港小鎮的
瑤林街上，一輛運載著靈
柩的車子正緩緩的駛過
「意和行」的大門前，門
前擺放著「香案」，香煙
裊裊，她的弟弟與侄兒們
正目視、送走了已不會再
「回娘家」的「姊姊」、
「姑姑」了。多熟悉的一
條巷子，她生前不知走過

回不了娘家的女兒 多麼熟悉的路，
經常牽著兒女回九間厝（瑤林街）娘家
吃飯的熟悉巷道，如今的她只能在靈柩
內默默的斜望娘家一眼，永別了（攝
影：丁志達）

多少合回，如今她已回不了「娘家」了。

同年六月十七日，她的丈夫接到其堂嫂丁顏梅（丁顏梅女
士是九份台陽金礦公司創辦人顏雲年的姪女，顏國年的女兒。
她嫁到鹿港丁家六房丁瑞鉄為妻，與作者母親是「妯娌」關
係）從菲律賓寄來的一封信，信上說：

玉書叔雅鑒：

好久沒寫信問候，非常抱歉。這次由禎祥賢侄來信，獲悉
了玉書嬸日前逝世之消息，真是青天霹靂，一時不敢相信。記
得她是一位健康、好動而年歲也不怎麼多呢！

您倆位辛苦所栽培的孩子們都立業成家，在社會上非常活

躍，孫子們也長大了，正值享受清福時候，突然失去了她，您
的打擊多麼得大，您的傷心多麼得深！

　　在此哀心遙祈她的冥福，併請您多多節哀，保重身體。

　　祝府上各位康安，一切順利！

丁顏梅　敬悼　六月十日

　　母親身前曾對作者說：「我的公婆沒有留財產給我們，
所以我們也不留財產給你們，我一生吃檳榔、喝酒、抽香菸的
錢，應該足夠買一間房子。」她就是這樣的人，一生瀟灑走一
回，真的回家了。

全家福　民國四十四年的春節，丁玉
書的全家人拍照留念（攝影：二我照相
館，1955）

第四篇

前世今生

十八、回族血統的丁家

作者小時候，每年清明節跟家人一起到祖墳掃墓時，總會看到祖先墓碑上寫著「陳江○○世祖○○公之墓」。大人說，我們丁家祖先是從福建泉州晉江移民而來鹿港經商，為了不忘本，死後的墓碑上要刻上祖籍，有慎終追遠之意。

丁氏回族的由來

七百多年前的元朝，丁氏先民踏著「海上絲綢之路」自阿拉伯國家東來，他們帶著善於經商的能力，帶著伊斯蘭文化，在中國與博大精深的漢文化握手和對話，終於見證了世界這兩大古代文明的交融與結合，一個嶄新而獨特的族群誕生了，阿拉伯商人與當地婦女結婚所繁衍的後代，那就是「丁氏回族」

144

的由來。

今天，聚居在晉江陳埭的丁氏回族已逾二萬餘人，主要分布在七個回族行政村（岸兜、江頭、溪邊、西扳、坪頭、四境、花廳口），它是福建省最大的回族聚居地，而散居在海內外各地的丁氏回族超過四萬人口。清道光五年（1825），丁氏回族第十八世的丁樸實渡台來鹿港定居。

丁氏回族在泉州

中世紀的泉州，外國人稱爲「宰桐」，世界各地不同民族與種族的人們因它的開放和繁榮而紛至沓來，其中以阿拉伯國家的穆斯林人數爲眾。他們在泉州或爲官，或經商，或傳教。至元代，泉州城已經滲透著極爲濃郁的伊斯蘭文化。

泉州清淨寺　清淨寺位於泉州市塗門街，創建於北宋大中祥符二年（1310），是阿拉伯穆斯林在中國創建的現存最古老的石結構清眞古寺（攝影：丁志達，2013）

　　丁氏始祖丁謹（節齋）正是這一時期入泉行商的穆斯林商人。經過數代經營，丁氏祖先成為泉州富甲一方的名門望族。

　　據考證，元朝時，回教至聖穆罕默德的三十一世孫元賽典赤・瞻思丁（Sayyid Ejell Shams AI-Din）曾官拜元朝平章政事，主持雲南省政，其後裔到泉州經商。元、明易朝之後子孫避居陳埭，並取祖先名的尾音「丁」為姓，繁衍成陳埭丁氏家族。目前的漢姓「丁」就是由「瞻思丁」簡化而來，相沿傳承到現在已有二十多世代（作者為第二十三世）。

丁氏宗祠的特色

　　陳埭丁氏宗祠坐北朝南，建築群體以廊院式組織，採用閩南傳統民居的建築技術，以磚、石、木構造，中軸線自南至北為泮池（人工挖掘的半圓形水池）、門埕、前廳、前庭院、中堂（主殿）、後庭院、後殿。紅底金字「丁氏宗祠」匾額，高懸於前廳正門門楣上方，字跡蒼勁，熠熠生輝。中堂是宗祠建築群的中心建築，神龕供奉丁氏列祖列宗考妣神主，每年隆重的春秋二祭就在這裡舉行。

　　丁氏宗祠建築的木作、磚作、石作、泥作，頗具匠心。雕飾技藝精湛，題材紋樣豐富，彩繪豔麗多彩，以其營造有度的恢弘規制，裝點適宜的平實修飾，彰顯著它那獨樹一幟的民族特色。

　　丁氏宗祠的最大特點是既有漢族文化內涵，又不缺乏回族文化痕跡，是回漢文化融合的象徵，成為研究泉州古代海外交通史和阿拉伯人入籍中國的重要實證。

吉祥鳥的故事

伊斯蘭教創始人穆罕默德（Mohamed Bouazizi）接受眞主的啓示，開始在麥加（Makkah）傳教，其時麥加是多神教的地方，信仰伊斯蘭教者無多，惡勢力和古萊氏（Quraysh）民族的不信教者，則以種種的手段進行刁難、圍攻、迫害，甚至發展到謀殺，但都未能得逞。傳教活動受到嚴重的阻擾，眞主再次啓示，允許穆罕默德向麥迪那（Madinah）轉移。其時古萊氏不信教的人還是不擇手段進行搜捕、追趕、迫害。穆罕默德迫於無奈只得攀山越嶺，爬上「掃爾山」。

吉祥鳥圖識 丁氏宗祠的正廳，在「陳埭萬人丁」的匾額下的這隻鳥，是一種特異的動物，名叫「不死鳥」（永生鳥、吉祥鳥），其形象是由孔雀的頭、鳳的尾巴，鴿的身軀，鷹的爪牙等部分組成，是穆斯林內部的一種吉祥象徵（攝影：丁志達，2013）

　　「掃爾山」群山環抱，地勢險要，山頂有一洞叫「掃爾山洞」。穆罕默德只好暫避逃進洞內，敵人追趕至此，察看地形，唯有洞內可躲藏，其他無路可遁，然正在此時，突然奇蹟出現，洞口的蜘蛛網完整無損，洞前兩隻「吉祥鳥」很自然地跳躍，絲毫沒有驚愕現象，好像已久被人棄置不用。這樣迷住了旁人視覺，只好向其他方向轉移。據說，洞口蜘蛛網和吉祥鳥的奇蹟出現，正是真主特意安排，是保護穆罕默德順利地向麥迪那轉移和傳教的順利進行。

　　自此以後，有信仰伊斯蘭教的某些地方即用這樣的故事內容用阿拉伯文組成「吉祥鳥」的組字畫，懸掛或裝飾於廳堂，祈求真主賜予吉祥與安寧。

陳埭回族史館

　　陳埭回民世代奉行著「種德行善／濟世利人／和睦鄰里／團結鄉人」的信條。進入丁氏祠堂正門，便可看到左側懸掛著「陳埭回族史館」的匾額，這是丁氏宗祠與其他祠堂不同的地方，並證明陳埭丁氏族人的祖先是阿拉伯人，它記載著歷史的轉折、文明的交融與家族的根源。

　　沿著展館布置的線路參觀，如同走進了一段外來移民與本土文化相互融合的歷史，一篇回漢人民團結奮進、共同發展的動人故事。

陳埭回族史館　陳埭回族史館展出的一百多件珍貴文史資料與丁氏祖譜、近二百幅的圖片，述説陳埭回族形成、發展歷程的史料（攝影：丁志達，2013）

靈山伊斯蘭教聖墓

　　靈山伊斯蘭教聖墓位於泉州市豐澤區靈山南麓，一九八八年被大陸列爲第三批全國重點文物保護單位。

　　丁氏回族的葬禮原是奉行伊斯蘭教「厚養薄葬」的精神，在《丁氏宗譜》裡有説明，因爲根據伊斯蘭的教義，人類始祖是眞主塑造的，死後只是回歸眞主，所以要求土葬、速葬、薄葬。

陳埭丁氏祖墓群　泉州靈山伊斯蘭教聖墓東側是陳埭丁氏祖墓群，皆為伊斯蘭墓式，其墓蓋及墓座浮雕，刻有阿拉伯字《可蘭經》經文。墓群現已列為福建省文物保護單位（攝影：丁志達，2013）

陳埭丁氏祖墓群石碑
陳埭丁氏祖墓群（泉州靈山）中到處可見具有「陳埭丁姓回族」的中文與阿拉伯文所刻下的「碑文」造型（攝影：丁志達，2013）

陳埭萬人丁

在丁氏宗祠的正廳大門上,懸掛著一方「陳埭萬人丁」匾額。傳說,陳埭丁氏家族的一世祖到三世祖都是單傳,人丁單薄。元末泉州發生了「亦思巴奚」戰亂,丁氏三世祖丁夑(碩德)於是牽子丁善遷居到陳埭。多年後,丁善見父母老邁,還未置辦壽域,就想替父母找一塊風水寶地,一位風水先生對他說:如果墓碑豎於墓前,子孫裡會出三個宰相;如果豎於墓後,就會繁衍萬人。也就是所謂的「進前三宰相,退後萬人丁」之說。高官與丁口,兩者擇其一,對很多人來說都是極為難的抉擇,但丁善果斷地選擇了後者。後來,丁氏的墓葬都把墓碑豎在墓後,而那一句「進前三宰相,退後萬人丁」的說法也跟著流傳開了。

一則宴客的故事

民國三十八年國軍撤退到台灣後不久,中國回教領袖白崇禧將軍(小說家白先勇的父親)聽到鹿港曾經有過清真寺,特定到鹿港來查訪,結果傳說中的清真寺並沒有找到。當時鹿港籍省議員丁瑞彬設宴款待他,卻滿桌盡是以豬肉為主菜的菜餚。

有人提醒丁氏說:「白將軍是回教徒,怎可以用這種菜餚呢?」於是丁氏大吃一驚,立刻更換料理,而鹿港的海產為此一掃而光。

十九、鹿港丁家發跡史

> 　　眼看他起高樓，眼看他宴賓客，眼看他樓塌了。這青苔碧瓦堆，俺曾睡風流覺，將五十年興亡看飽。
>
> 　　　　　　　　　　　　　　──《桃花扇》清・孔尚任

　　百善以孝爲先；孝順是仁德的根本，更是每個爲人子女者應盡的本份。前立法委員吳延環在《三十六孝》這本書中，收錄了自遠古時代的舜帝至清朝的丁純良（侍疾救父）等三十六位人物的孝順故事。民國六十八年，華視播映《丁克家孝行》之電視連續劇；民國七十一年交通部郵政總局發行《中國民間故事郵票》一組四枚，其中第四枚「侍疾救父」（面值五元）以紀念之。

侍疾救父

　　丁純良（克家），福建省晉江縣人，生於嘉慶十八年（1813），逝於同治十二年（1873），享年六十一歲。十三歲

152

丁克家祖墳 丁家家族因祖先留有一些田產的租金收入，作為每年族人掃墓聚餐之用。坐在嬰兒椅上的小孩，如今已當上了律師，歲月不饒人，代代相傳（提供：丁玉書，1973）

時，隨父樸實公來台，初在鹿港販賣雜貨，繼而經營船頭行。後來父親中風，半身不遂，且雙眼失明，難於行動。他昏定晨省，甘旨不缺，白天經商，入晚陪父聽戲，承歡左右，歷久不變。

　　幾年之後，父臥病不起，精神也有些錯亂，吃、喝、拉、撒都不能自理，偶一離人，大便就常拉在床上。他每天都在左右伺候，夜裡睡在床旁，一聽有聲，趕快起來照應，過了十多年，毫無厭煩之色。

　　一天，所住地菜園，鄰居失火，左右被燒，他趕快背起父親，衝出房門。因院門已被火封，只好站在院裡，幸而火止，才免於難。

　　純良三十一歲時，父卒，葬、祭以禮。光緒六年（1880），彰化仕紳因他的純孝，呈請旌表，奉旨建坊。逝後入祀孝悌祠。

丁協源家譜

丁氏開始於宋代節齋公（一世祖）由蘇州來泉州做生意，居泉州城文山里。自元代四世祖仁菴公徙居於陳埭江頭鄉。

清道光五年（1825）自陳埭渡海來台的第十八世祖丁樸實（1763-1843）至鹿港定居（鹿港丁家與台西丁氏一樣，祖上同源，但鹿港這邊的丁家祖先是十八世祖，比台西丁氏晚來台灣），不久其子克邦和克家（十九世祖）亦相繼來台協助其父親營商雜貨，辛勤經營數年後，致使家業稍具規模基礎。不久，克邦返回祖籍陳埭，由丁克家繼任鹿港基業，改經營船頭行，並設立堂號名為「協源」，為鹿港丁協源的創始者，故其後世以「協源堂」子孫自稱，也開展了丁協源家族營商致富，轉為書香世家的家族史。

丁克家簡歷

丁樸實有子七人，丁克家為其第四子，他不但承繼了父親的事業，更繼而光大之，成立了鹿港地區數一數二的大行號「丁協源」船頭行。由於他感慨自己本身讀書並不多，故而在事業有成之際，延聘名師，課授其子，不僅家族商業有其長子及三子、四子承繼衣缽而家道日隆；餘子業儒入庠，其中更以六子丁壽泉於清同治十二年（1873）考上舉人。

丁克家所購置「丁協源」屋舍，位於現今鹿港中山路的92、94、96號三家店面（俗稱「舊協源」）。丁壽泉進士及第

舊協源門面　丁家舊協源在不見天街被拆後，因已家道中落，大房、四房已湊不出錢來裝門面（搭蓋亭子腳），木門只能任其風吹雨打，斑駁的痕跡，默默訴説著丁家的起落，人生的無常（提供：丁玉書，1964）

後，由於丁家家族人口眾多，遂於清光緒十九年（1903）在五福大街向王姓人士王后錦、王后隨購買三間店屋，即今中山路130、132、134號（俗稱「新協源」），並以抽籤方式決定大房、二房、四房、七房居「舊協源」，三房、五房、六房搬至「新協源」。1999年921大地震，新協源古厝房屋受損，隔年經指定為縣定古蹟，並由政府進行修護，免費供遊客入內參觀。

丁家分產記

　　丁家分產的源由，根據丁瑞鈇（第二十二世）在其《懷恩感舊錄》中寫道：

往昔我家「丁協源行」所有的航船，直接與對岸大陸陳埭、廈門等地交易，盛極一時。惟因六大房四十人之子女，男二十一人，女十九人家族之生活費，外四十次之結婚、出嫁，均與台灣中之相當大門戶相配，如二伯式儀與清水，四伯式周與馬興庄，十三叔朝玨與北斗林家，父親與寫心堂蔡進士德芳知縣之孫女秀瓊等，要維持進士大門戶之面目必須龐大之開支，雖然「丁協源」是全省有數之大貿易商，可是到了六房頭要分公業財產時，剩餘之財產全部只一千二百石租、田地二十甲左右而已，於是每房只分得二百石四甲田地，並不算多，平時將近一百多人之大家族，生活費亦是相當之負擔。

從此一段話的敘述，可見丁家傳到了第二十一世時，經濟已不如以往之寬裕。

孝子純艮公派下長房鬮書

光緒十九年（1898）七月，丁協源七兄弟在公親見證下簽下一份「孝子純良公派下長房鬮書」（各房均持有一份）。

全立鬮書合約字人鹿港大街長房丁進修、二房寶華、三房寶賢、四房欽哲、五房寶濂、六房寶光、七房宗烈等，原籍泉州府晉江縣南關外廿七都陳埭江頭鄉居住。竊以家庭之道，果能安於忍受，雖九世亦可同居兄弟之情，要在處以寬和庶一門共相濟美，乃世世相傳。族大費多，不無猜忌，默生親疏，漸別是情，既不能強合，勢亦在所必分。念我先祖昆季四人，久

丁協源鬮書 鬮書是分家分產契約文書中最通用的名稱。鬮書分產重在「拈鬮」（抽籤決定鬮份）以示公平（提供：丁志申，2014）

已先後別居各食矣。今我親兄弟七房又議分家業財物，用是謀諸族長商之摯戚，秉公議定，將生理、貨財、田園、器用等件照數劃作九份均分。夫何以九，因二房承繼於三伯祖，當我父與三伯祖派下分爨之時，二房承繼應得鬮額，並兼在七房內宜加一份，另長孫宜加一份，合七房共成爲九份。惟厝屋不得照九份均分，就所建之業分配居住管掌，此係當面議妥，實屬至公無私。

爰擇日禱神，告祖拈鬮爲定，各歸管掌爲業，勿生反悔之心，如敢藉異端略較長短，亟宜白諸族親戚共伸讜言，以示罰尤。願有同心恪遵遺訓，大振家聲，庶可以慰先人而昌厥後矣！今欲有憑仝立鬮書合約字七紙一樣分，付各房永執存照。

設置存書田

如果說辜家是政商世家，那麼丁家就是書香世家的代表。

丁家大房合照　大正九年（1920）丁家大房賴孺人六旬晉一家族合影紀念，後排丁寶善（左四）、丁寶麟（右三）；中排陳齋（左五）、賴鮮良（左六，壽星）、王福氣（右四）；前排丁玉書（右三）、丁良約（右七）（提供：丁玉書，1920）

鹿港丁家在經商有成，經濟富裕的條件下，由商致仕，不但重視丁家子弟的教育發展，更延聘名師教學授課而使子孫仕進有成，尤其設置「存書田」一事，作為往後丁協源後代子孫都能受到良好教育的保障，此舉為丁家子孫的教育立下根基，實為高瞻遠囑之宏觀高策。

在「孝子純良公派下長房鬮書」中，有一則「存書田」的條款：

一存書田，訂金順源舟本按柒佰元、協順舟本按貳佰元、協隆舟本按柒拾伍元、筏本按貳拾捌元，計供按本銀壹仟零零參元。自光緒十八年（1892）起，所有歷年長息之項，存作延慶堂書田，照七大房輪流當公承辦讀書年應酬

等費，并公請明師教督小學、束金、節儀、伙食、什費，定以壹佰陸拾元。如得合請師固妙，不然，或各外出從師，即以壹佰陸拾元就所讀之人之歲照攤。如所讀之人計有壹佰陸拾歲，每人每歲應銀壹元，餘可類推。又訂至三十歲不會進中者不得領，未三十歲而即進中者亦不得領。其賬至年終務須就值年核實，應剩若干登在結冊，繳交新值公之人，邀仝各房驗過，不得擅自濫開混借，假公圖私。如有此情，惟該辦是問，合責理還。

「鬮書」對存書田的使用範圍與管理方法皆有翔實記載，尤於「三十歲不會進中者不得領，未三十歲而即進中者亦不得領。」最見鼓勵子弟之用心，是為典型經商致富而後讀書致仕的家族。

鳥瞰二戶丁家中庭　丁家舊協源兩戶人家毗鄰的中庭院，有一開放的門互通往來，屋頂已改用日據時代流行建材的黑瓦片覆蓋（攝影：丁志達，1980年代）

丁協源家屋現狀

　　丁家大房寶和公，爲丁協源家族的長孫，繼承了祖業時，有一份自己的財產，他以買賣爲生，遇光緒二十一年（1895）割台乃停止經營，其子丁寶麟乃到雲林土庫販售菸酒，但在大正九年台灣總督府設立專賣局，禁止民間私釀酒類，乃結束經商，受僱於霧峰下厝林資彬家，擔任帳房兼租館工作。

　　舊協源家屋，中山路96門號爲大房房產，寶和公時代就賣給泉合利商號的王昆年，而中山路92號房屋產權屬二房與七房持有，在民國一〇二年經所有權人協議後，已賣給他人持有。中山路94號之產權目前約一半乃爲丁家大房、四房部分家族所持有：另一半產權則因他房無子嗣繼承、或債務關係由他姓所

消失的陽台　丁家舊協源中庭院原有一晾衣服的陽台，聳立的煙囪，炊煙裊裊，如今已崩塌（攝影：丁志達）

持有、或因未辦理繼承手續而被政府列爲「國有財產」管理。

進士匾額的故事

目前在丁家古厝（新協源）的廳堂門上所懸掛的「進士」匾額，這是一件「複製品」，眞品已煙消雲滅。當年「丁進士」的府宅是在現今中山路92號二房的屋內。「丁進士」在分家前已去世，實際尚未居住過新協源住屋。

台灣光復後，民生凋蔽，因而二房某戶人家，乃在中庭院搭蓋簡陋雞舍來養雞，雞舍屋頂就用這塊「進士第」匾額來當遮風遮雨的蓋子，作者小時候，還親眼看過放在雞舍上的這塊匾額，有一天，作者看到了堂嬸姆在黃昏的時候，將它拿下來，劈成「木片」，放入大灶內當作柴火燒了，這是「古文物」毀於無知的「浩劫」見證。

古典弓形門 丁家舊協源二進房屋格局，大門上方開著弓圓形門來採光，並用漏空的上釉綠色花磚窗砌成（攝影：丁志達，1980年代）

二十八、丁家侯門深如海

草廬自古多名士，莫任飄搖作斷蓬！年年修葺每鳩工，室陋居然處士風。

——《蓮溪詩草·老屋》·鹿港詩人丁寶濂

　　到鹿港小鎮觀光，有一處免費入場的景點「丁家進士古厝」，它由「瓦店（店鋪）」與「厝（四合院）」所組成，店鋪單間面寬與整體縱深比約1比10，前後均為道路，正前方可通往金盛巷（俗稱九曲巷）、美市街（古稱米市街）等古蹟保存區，後方緊鄰辜顯榮舊宅（今鹿港民俗文物館），為三坎三落兩過水之大宅。

　　唐朝詩人崔郊的詩作〈贈去婢〉說：「侯門一入深如海，從此蕭郎是路人。」名勝古蹟的參觀，可以讓人感受到建築物的宏偉、屋內雕樑畫棟的精巧，這都是遊客對眼前「硬文化」的直覺觀感，但是以前在這幢古宅中過活的「原住民」而言，人生的酸甜苦辣，絕對不是旅客「驚鴻一瞥」能體會的，這就是「軟文化」，也是深度旅遊必備的知識，才能領悟蘇東坡寫

古厝正廳 丁家古厝未修復前的正廳，斑剝的木門、褪色的門楔圖案，訴說著丁家人的前世與今生，油然而起的思古幽情何處尋？誰能告訴作者？這才是作者童年熟悉的丁家古宅的「原汁原味」（攝影：丁志達，1980年代）

的「橫看成嶺側成峰，遠近高低各不同。不識盧山真面目，只緣身在此山中。」

建築藝術

丁家大宅是四合院，由上往下看就是個「回」字，同時祠堂裡沒有祖先牌位，因為這個家族是回族後裔。

丁家古厝第一進縱深約十餘公尺，內部設有樓井，作為房舍內部採光與通風之用，室內原有拱門，可與兩旁店面相通，中埕前有一口井，為昔日丁家人飲水的來源。第二進為合院建築，是丁家人的起居空間，門廳兩旁的木屏彩繪，彌足珍貴。

正廳為丁家的祭祀空間，神明廳擺設三層供桌，分別為

三坎三落格局 丁家古厝爲
「三坎三進二院」的建築格
局，是鹿港街屋中保存格局最
完整的建築物（攝影：丁志
達，1987）

斑剝的古木門 丁家舊協源
大房的媳婦施彩鷥曾來此拍
照，讓人感到歷史流動的痕跡
猶存，留下屋老人未老的畫
面，如今人物全非，徒呼奈何
（攝影：丁志達，1987）

頂桌、下桌及八仙桌，兩旁木屏牆面，符合傳統民居「左字右
畫」的作法，此書法是鹿港士紳蔡穀仁臨摹清代書法家陸潤庠
的《滕王閣序》及徐有韜的書法墨跡。牆上掛著丁家二十一世
祖的照片。

　　昔時鹿港街鎮的防禦設有隘門，而大宅的後院亦設有兩道
門扇，作爲自宅的防禦設施。日據時期，鹿港五福大街因市區
改正，馬路拓寬，丁家古厝臨街的店屋遭拆除，改建爲洗石子
仿洋式二樓建築。

丁家古宅屋脊 從院子上的陽台俯瞰而下，紅瓦正廳的屋頂，因落水而補修過，紅白參差不齊，蔚爲奇觀（攝影：丁志達，1987）

消失的樓梯間 丁家古厝庭院原有一樓梯通道屋頂，可鳥瞰附近民宅節比鱗次的屋脊建築美感（攝影：丁志達，1987）

社會運動者

在日據時期台灣新文化運動的啓蒙者，也是跨越新舊文學的台灣作家陳虛谷，他在十八歲時與丁琴英（丁家六房寶光之長女）結婚。大正十二年（1923）陳虛谷五女丁韻仙才剛出生尚未滿月時，即由陳家過繼到鹿港丁家，從此成爲寶光長子丁瑞圖（二十二世祖）的養女。

丁瑞圖（作者堂伯父，1894-1944），台灣文化協會的社會運動者。日據時期曾因在公開演講中脫口說出了一句話：「我

的祖國」而被抓，因其個性具有社會主義傾向與人道關懷，他的左翼信仰，無形中也漸漸影響了其養女丁韻仙（日月明功靈修團體負責人陳巧明的姑姑）。

彰化高女事件

根據陳丁清霜在《我與我的母親》一書中記載著丁韻仙的求學經歷。書上說，她人很聰明，個性也很強，因受了二位父親（生父陳虛谷、養父丁瑞圖）的影響，其愛國思想極為濃厚。在她就讀彰化高女四年級時，有一次上家事課，老師要教學生如何穿日本和服時，他卻穿了一件媽媽的旗袍向同學說：「看，這才是我們的國服。」她的特立獨行，在畢業的前兩個月（昭和十六年，1941），遭到學校要求其自動退學。退學之後沒幾天，日本軍人大舉搜查鹿港丁家、和美默園和彰化的兩處陳家居所，要捉拿因為反日思想罪嫌的丁韻仙。日本政府把她當作思想政治犯，而被帶入彰化看守所，那年她才不過十九歲，這就是當年台灣社會鬧得沸沸騰騰的「彰化高女事件」。

丁韻仙與賴和

彰化看守所普通人犯經常多人關在同一牢旁，但對思想犯卻特別「禮遇」，一人一間，共有兩間，分別拘留丁韻仙和賴和（台灣新文學先覺者）。在賴和的《獄中日記》第十五日記載：「開監，有一高女生丁韻仙，似是鹿港人，丁瑞圖氏之族人，亦因高等之取調（偵查），而被留置，殊不知因為什麼事

件，在學中的學生，豈有什麼不良思想，且每日皆有取調，所關可似非輕……。」後來，丁韻仙則被轉拘禁台中看守所，一年後才出獄。可能是因為丁韻仙的五嬸（顏梅，基隆礦業大家族顏家女兒，嫁給鹿港丁瑞鉄為妻）任職於皇民奉公會，因為她的功勞，丁韻仙才只坐一年牢災就出獄了。

革命夫妻的悲劇

丁韻仙出獄後暫住台中，因而認識了台中一中的學生盧伯毅，兩人在情投意合下，經過兩年的交往，在昭和十九年（1944）結婚。

民國三十六年，台灣二二八事件發生，盧伯毅與丁韻仙已經生下了三個年幼的女兒。當時還是台大經濟系學生的盧伯毅，因加入反抗國民黨軍的二七部隊而逃亡海外。丁韻仙和她的三個女兒，仍然住在丁家古宅二十年，後來才搬遷到台北新店的居所。

君在何處看此景？

盧伯毅雖曾一度返台，但隨即又被政府當局發現，乃再度逃亡，從此斷了音信。在盧伯毅失蹤逃亡的日子裡，丁韻仙的日記記載的都是對丈夫的思念：「今夕仰天思念君，天邊星光如昔日；君在何處看此景？秋蟲斷續唱悲歌。」

伊耽誤我的青春

失蹤四十年的丈夫，突然在民國七十六年自韓國來信，提到已另組家庭。當丁家族人圍攏著丁韻仙，商討如何去南韓與盧伯毅團聚的時候，丁韻仙的反應令大家很意外：「伊耽誤我的青春，耽誤我的愛情，我可以原諒伊。……但是，做一個革命者，貪生怕死，我看不起伊！」她因而拒絕與其見面的請求。沒有料到，翌年，盧伯毅就客死他鄉（韓國首爾）了。

玫瑰與鐵蒺藜

民國九十六年十月，丁韻仙在彰化高中圖書館舉辦「玫瑰與鐵蒺藜——丁韻仙水彩畫全國首展」，在歷史鐵蒺藜，人性荊棘的苦難歲月裡，丁韻仙以慘紅的玫瑰、蒼白的梔子花，還有色調澹然的山中木屋，記下她「活得很苦，很難，很寂寞」的輕輕喟嘆，只能在藝術領域下給了她自己的精神依歸。

冷淡人間的故事

在《我與我的母親》一書的作者陳丁清霜提到，她的童年就在這間丁家大宅的庭院裡生活了十多個寒暑，記得有一次媽媽（養育十個小孩）又要去向某位伯母借錢（住在古宅前棟），我怕她受欺負，就自告奮勇說：「我陪妳去！」結果我

坐在石階上沉思　夕陽斜照下，坐在丁家古宅大廳前的石階上，回想那曾有過的富貴繁華場景，而今各房子弟已遠走他鄉謀生，人生聚散離合，往事如煙，古宅滄桑向誰訴？（攝影：丁志達，1987）

們母女倆枯坐一樓的板凳上約有一小時，伯母才由二樓姍姍下來，板著臉，冷冷淡淡一句話不說，遞給我媽一些錢，那瞧不起人的態度讓我內心充滿著不能說、也不敢說的忿怒的話。我悲傷地想：「要等到幾時，我才能賺錢給媽媽呢？媽媽！妳這麼仁慈怎麼會這麼苦命呀！」

養十個小孩的乾仔姆　在《我與我的母親》書中的女主角（梅碟，中間撐傘者，丁瑞乾夫人），在南投的丁家祖墳前與妯娌（右：施彩鸞，左：黃甘）合照（攝影：丁志達，1970年代）

丁家媳婦 鹿港港口的淤塞，就像一把爛泥巴堵著了丁家男人的咽喉，從「商人」轉軌到「公職」，因而出了幾位「校長」。而娶進門的媳婦，也從「門當戶對」聯姻來當少奶奶，轉為向從事「教職」的人群中去物色媳婦，成為「雙薪」家庭（提供：林專，1969）

丁家二十四世子孫 丁家大房二十四世的二位小孩，在其三歲之前，都是由奶奶在鹿港帶大，等到他們都北上依親時，在與其母親（中）對話時，卻已帶有濃濃的「鹿港腔」，一句「國語」都聽不懂（攝影：丁志達，1977）

第五篇

歡樂年華

二十一、西院書聲憶文開

一府二鹿／文化之城／敦親睦族／人傑地靈／春風化雨／
成績日蒸／民族幼苗／欣欣向榮／良師益友／精益求精／洛津洛
津／我們的母校／重建中華／攜手奔前程

往日繁華／商埠之濱／民情純樸／和藹可親／校舍寬敞／
整潔無塵／前輩創造／面目一新／刻苦耐勞／自愛自珍／洛津洛
津／我們的母校／復興故土／勤奮不後人

聞名故都／文化猶存／尊師重道／傑出龍門／良風樹立／
應感先恩／三千子弟／飲水思源／夙夜匪勉／建設樂園／洛津洛
津／我們的母校／手腦並用／作育培國根

——洛津國小校歌·校長丁瑞乾

　　鹿港文開書院、彰化白沙書院、和美道東書院及員林興
賢書院，往昔是彰化縣的四大古老書院。文開書院創立於鹿港
全盛時期，位居鹿港咽喉，與文武廟相鄰。鹿港文風之盛，歷
久不衰，文開書院之功不可沒。文開書院前方兩棵象牙樹已有
二百多年，先於古蹟存在，園內環境優雅是休閒之好所在。

書院命名由來

　　清道光四年（1824），台灣北路理番同知鄧傳安（鹿耕）倡建，以及鹿港八郊仕紳贊助下設立，於道光七年（1827）落成，翌年行釋奠禮。鹿耕先生撰〈新建鹿港文開書院記〉說：「道光四年，傳安爲鹿仔港同知已二年矣。勤於課士，士皆思奮。因文昌祠之左隙地甚寬，請建書院其上。傳安給疏引勸諭，諭以海外文教，肇自寓賢鄞縣沈斯菴太僕光文字文開者，爰借其字，定書院名，以志有開必先焉。」

　　書院不獨規模宏敞，氣象巍峨，也是鹿港文化的搖籃，作育英才，人才輩出，是本省最著名的文化聖殿之一。清道光至光緒年間鹿港中進士者，有蔡德芳（廣東新興知縣）、施

【正門】

【鹿港第一公學校】　　　　　【原前今校網】

鹿港幼稚園　鹿港幼稚園在鹿港第一公學校操場邊，創立於大正十二年（1923）。昭和十二年（1937）改爲私立鹿港幼稚園，爲當時彰化郡內唯一經過立案的幼稚園（提供：丁玉書）

葆修（兵部員額郎寧都州知州）、丁壽泉（廣東知縣）、蔡壽星（戶部主事）、黃玉書、施之東等六人。中舉人者有蔡德芳（籍晉江）、黃煥奎（籍晉江，台北府教授）、施炳修（改名葆修，籍晉江）、丁壽泉（籍晉江）、莊士勳（籍晉江）、蔡壽星（籍晉江）、施仁思（籍晉江）、施之東（籍晉江）等八人，以及百餘位秀才，現在仍是鹿港歷史上的驕傲。

書院建築外觀

清代台灣書院的建築，雖因書院本身經費的充裕與否而有規模大小之別，但其格局皆取法內地（大陸）書院的建築方法。

文開書院左有道路，名稱「青雲」，昔有牌樓，上書「青雲捷步」，後因拓寬馬路而毀，馬路旁邊原有大池塘，作為防火功能，現已填平，蓋了房子，而書院門前一大片草地，則襯托出中國式門牆的沉穩大方。

據翰林院庶吉士任彰化縣知縣楊貴森，在「詳報捐建鹿港文開書院牒」中，有「茲據繪圖造冊呈報前來」句子，可見文開書院原有圖冊，但是這些圖冊已不知散軼何方？

文開書院創立宗旨

文開書院周圍七十丈，書院的建築為三川殿、正殿及後堂。三川殿的木架構件保存著道光年間的建築風格，門豎石坊，在三川殿旁有一塊「公業條款」碑，是清道光二十七年（1847）所設的，此碑敘述鄧傳安及陳盛紹兩位籌建的田租，

文開書院舊貌 就書院的建築而言，它是文化的具體證物。從整個空間設計、用料、營造等看來，文開書院無疑是一幢精美的傑作建物，當然這與當年鹿港八郊人士富甲四方的雄厚經濟力，以及主事者鄧傳安的魄力有關（提供：丁瑤池，後排左一）

作為書院的經費來源，兩旁廂房為昔日學生自習讀書的地方。

正殿前方為祭祀的空間，後方是老師授課的講堂。鄧傳安於〈新建鹿港文開書院記〉中言：「今學宮奉孔子為先聖，從祀者皆先師，書院多祀先師，而不敢祀先聖。」所以文開書院正殿主祀朱子（熹），配祀海內外八寓賢（沈光文、徐孚遠、盧若騰、王忠孝、沈全期、辜朝薦、郭貞一、藍鼎元），而後堂則是昔時書院院長起居的空間，左右兩旁共設十四間學舍，並聘名儒碩士執教，可見當時鹿港的財富與文風之盛。

回祿之災

　　民國六十四年十二月九日，文開書院的殘存遺跡，竟被一團怪火燒毀了正殿及後堂之災，並波及文昌祠。民國七十三年修復，目前僅前殿（三川殿）的木作及木雕為清代原貌，古樸優美，為文祠及武廟的三川殿所不及，另外書院中有一直徑一百四十公分的圓洞，窗框在圓洞內邊，是正方形的，每邊與圓洞邊緣相切，方框中再裝兩扇窗扇，從外面看它是圓窗，從裡面看是方窗，裡有圓洞，意匠巧思，令人激賞。

北白川宮能久親王紀念館

　　日人據台後，廢科舉制度，因恐儒生聚集滋生事端，因此

回祿後文開書院　光復後，文開書院乏人管理，被附近居民利用堆積木材，以致發生回祿之災；未重建前的殘存舊貌已不可尋（提供：丁志達，1970年代）

軍國主義下的書籍　日據時代推行「國語」（日語）政策，漢書不能流通，一些軍國主義的書籍公開出售，《壯丁手冊》和《標準軍歌集》強調「愛國」精神，效忠日本政府（攝影：丁志達，2013）

記念碑　「北白川官能久親王視察鹿港遺跡記念碑」爲台中州知事正位勳四等森田俊界所題（提供：丁玉書）

勒令書院停學，設立公學校。文開書院一度成爲日軍營房，昔日書院供學子研讀所庋藏的經書，現已散軼殆盡。據說，這批善本書是被日人搬運至台灣總督府圖書館內收藏，無「漢文」書籍可讀，是當時鹿港文人所受異族治理、壓迫的寫照。

　　昭和十八年（1943）日人將文開書院改爲「北白川宮能久親王記念館」，龍邊廂廊內有兩塊碑記，分別爲第十八任台灣總督海軍大將正三位勳一等功一級長古川清謹書「北白川官能久親王御遺跡鹿港軍情御視察之所碑」及台中州知事正位勳四等森田俊界謹題「北白川官能久親王視察鹿港遺跡記念碑」。

北白川宮能久親王的故事

　　《台灣通史・獨立紀》（連橫著）記載：「鹿港辜顯榮在台北，見事急，自赴基隆，謁總督，請定亂，許之。日兵遂

進。十八日，能久親王至。二十一日，總督樺山資紀亦至，遂開府於此，以理軍民之政。」北白川宮能久親王曾率日兵進駐鹿港，這一段故事在民間流傳著。

明治三十年（1897），北白川宮能久親王率領的近衛師團由台北南下，八月二十七日爆發八卦山之役，翌日，日軍占領彰化市區。能久親王經參謀幕僚建議後，決定指揮軍隊往鹿港方向前進，豈料他從八卦山上遠望鹿港時，只見天空烏雲密布，不知地理方位，辜顯榮又在當場，乃請求免征服鹿港。這時，親王便用左手握緊佩刀，用右手將刀絮紮緊，面對鹿港方向作揖發誓，若軍隊平安進駐鹿港，絕不開刀殺生，然後畢恭畢敬的鞠躬三次，這時天空密雲散開，太陽露臉。九月三日，日軍進入鹿港，軍令嚴明，未曾發生任何殺生或強奪的暴行。

高等科肄業照　昭和四年，鹿港第一公學校高等科一年生肄業紀念照（提供：丁玉書，四排右四，1929）

二十二、文物館裡歲月深

素琴酌酒容一榻
高談雄辯經四筵
　　　——《竹聯七言句》‧鹿港民俗文物館藏品

作者的堂伯父丁瑞彬娶了辜顯榮的長女為妻，因有這一層的親戚關係，所以小時候，作者的童年玩耍的地方，就在鹿港民俗文物館內的庭院，當年辜家人已經不住在這裡，看家的僕人叫「芙蓉」，她跟丁家的人都熟悉，她也認得我們是丁家的小孩子，只要有看到她在庭園工作，我們就可以進入玩耍。

榕樹下玩捉迷藏

在紅磚圍牆內的庭院，當年種了數十顆榕樹，枝葉密茂，不易攀爬，一群小孩只能在樹蔭底下玩捉迷藏，因庭院有夠大，東躲西藏，還不容易被抓到，就是矇著眼睛玩「抓鬼」遊戲，也不會發生意外，有時候以為抓到「替死鬼」，打開眼罩

大和洋樓 今日的「鹿港民俗文物館」，昔日被稱為「大和洋樓」（攝影：丁志達，2010）

一看，卻抓到了正在打掃落葉的「園丁」。

鹿港的古繁華已不復見，在現代文明的侵襲下，鹿港原先擁有的許多得天獨厚的建築群紛紛拆除，昔日的風土人情，只有到「鹿港民俗文物館」參觀，才能尋回那往昔「榮華富貴」歲月的生活片段記憶，而百年的建物風貌依舊，人物已非，為鹿港繁華落盡的滄桑留下了見證。

消失的池塘

在大和洋樓圍牆外，原是一大片的池塘，這個池塘給當地的居民一大好處是，昨晚家人換洗的衣服，清晨，婦女們就抱著這些髒衣物和一個鉛桶（大臉盆），帶著「雪文」（香皂）拿到池塘邊，在固定的石板上搓洗衣物，「媳婦們」邊聊天，邊搓衣服，其樂融融，因為「婆婆」不在身邊才能「暢所欲言」。

消失的池塘遺址　在大和洋樓圍牆外，原有的池塘，如今已開闢爲停車場，池塘附近的農地也蓋了公寓，景觀已面目全非（提供：丁志達，1950年代）

　　但是，有水的地方，就容易發生溺水事件。每年在這個池子裡，都會發生幾起「意外死亡」事件，死者大多是已婚「女性」，可能是「家庭糾紛」。在舊社會裡，「女人是弱者」，鬱卒無處申冤（不像現在家暴事件可聲請保護），只有一死百了，投水自殺。事件發生後，其家屬就會在出事地點「牽水轆」（是一種以竹子編紮而成的圓圈桶狀物，糊上花紙而成，分爲三層上下中空成形，高度約四、五尺，中間一支較長竹竿，用於轉動轆以引出水中死者魂魄。若爲血難如生產而死，就糊上紅色紙，若爲溺水者則爲白色紙。其中「起轆」就是讓亡靈依附在參與儀式的家人身上，表示帶出水面後再超渡，也是整個儀式的重點。如今，池塘消失了，這塊地現在已開闢爲停車場。

大和洋樓的滄桑

大和洋樓占地達一千三百餘坪，建於大正九年（1920），據說是聘請英國建築師前來設計，所用的建材與當年台北新建的總督府（現今的總統府）及新竹、台中火車站相同。落成的洋樓，不但是當時鹿港最富麗堂皇、氣派非凡的邸宅，因而取代了原有「楊厝公館」而被稱為「大和洋樓」。

傳奇人物辜顯榮

對台灣史稍有涉獵的人，皆知「大和洋樓」的樓主辜顯榮，他至基隆迎接日軍，最後被敕選為貴族院議員。根據大國

天井　這幢近百年的文藝復興時代後期巴洛克式的三層樓建築的天井，作為洋樓的重要採光之用（攝影：丁志達，1970年代）

市藏的《現代台灣史》書上提到了辜顯榮生平事蹟。

　　在本島人中具有偉材者已少見，然如辜氏乃稀見之仁者。慶應二年（1866）出生於台中州鹿港街，而其家即歷代之有錢人（素風家）。明治二十八年（1895）五月，日本軍隊進入台灣之際，辜氏代表台北紳民在基隆迎接日軍，七月被任命為艋舺保良分局長，八月奉樺山總督之命，前往綏撫台中、台南之良民，並被任命為鹿港保良總局長，同年十一月，隨從水野遵民政長官（省秘書長）上京（東京），敘為勳六等，授與單光旭日章，蒙受破格錄用的光榮。

　　明治二十九年（1896）二月，辜氏調升為台北保良總局長（註：同時取得台灣總督府所給的鹽和樟腦等專賣特權，奠

辜顯榮　大和洋樓主人辜顯榮（左上），是台中第一中學校創立委員之一（提供：丁玉書）

定辜家富裕的經濟基礎）。當匪徒攻陷雲林、林杞埔（竹山舊名）而屠殺他里霧（斗南舊名）、北斗，迫進至鹿港時，辜氏就率領一千名義勇壯丁爲之防守。從此以後，討伐匪徒之役，功不可沒，旋被任命爲台中縣知事顧問（註：辜氏乃獲得鴉片經銷權）。日俄戰役（明治三十八年）奉台灣海軍局之命，渡海到菲律賓、中國爲邦家盡忠，功績顯著，是故，明治三十九年（1906）晉敘勳五等授與雙光旭日章。

尤其是辜氏對從事公共事務的斡旋盡瘁頗多，例如在大正二年（1913），創設台中中學校（台中一中）之時捐出三萬元，或震災、罹災者之救助，對基隆、鹿港公學校之建設，亦有所捐獻（寄附），其他每年捐出一千二百元爲賑濟鹿港之貧民（細民），實無出其右，事蹟不勝枚舉。因此大正四年（1915）六月，依其功勞授與藍綬褒章；同年十月，大正天皇即位大典時，代表本島人前往參加，晉敘勳四等賜授「瑞寶章」。其後，昭和天皇即位（登基）之時，念辜氏其功勞，晉升敘勳三等。辜氏體軀偉幹，風姿堂皇，配合其豪壯英姿之資質，似有壓倒四方之蓋世也。（丁玉書翻譯）

昭和九年（1934）辜氏以績優納稅者之資格，被選任日本貴族院（上院）議員，爲台籍第一人。昭和十二年（1937），辜式赴東京出席貴族院臨時會議時，因宿疾復發病逝，享年七十二歲，靈柩以船運返台灣，安葬在彰化快官（今彰化市區內）。

鹿港民俗文物館

　　辜顯榮病歿於日本後，其產權由其哲嗣繼承，因子孫長年遷居外地經商，洋樓曾荒廢一時。後來，辜氏昆仲（辜振甫、辜偉甫）為了弘揚中華傳統文化，保存及介紹家鄉故里民俗文物，並發揚地方觀光旅遊起見，本著「取之社會、用之社會」的理念，於民國六十二年捐出祖居土地、建築物、傢俱、器皿及收藏品，同時成立「財團法人私立鹿港民俗文物館」，參與推動蒐集鎮內古文物的地方士紳有丁玉書等人。

典藏與展覽

　　現行館內收藏品以清朝中葉至民國初年的民俗器物為主，舉凡食、衣、住、行、育樂、宗教禮俗及節日慶典等民俗文物皆有展示，不僅充分展現古代時期民俗技藝風情，亦忠實呈現台灣先民開疆拓荒時的生活型態。

　　在文物館參觀，可以讓年輕人體驗到一些不熟悉的過去文物，包括早期的一些文獻圖片、服裝配飾、戲曲樂器、宗教禮俗、臥房陳設、廳堂擺設、閨女臥室傢俱、餐飲器皿、書畫文獻；而對年長者來說，睹物思情，內心產生某種有說不上來的感觸回憶，好像有些話想要對旁邊的「陌生人」說，您看那些文物都是以前我們老家都在用的，但後來都丟掉了。一份懷舊思古幽情，油然而生。

　　作者的父親丁玉書與我的嬸母丁黃甘，在當年文物館成立

時，也捐贈了一些民俗的文物作為館藏，豐富了一座頗具特色
的地方文物的展出。

文物館建築主體

　　文物館建築物分為二大建築主體：古風樓，是一棟十八世
紀的傳統閩南式磚砌木造古厝風貌的建築物，其中如樓井等設
置，完全是鹿港型民宅的翻版，古趣盎然，流露庭院深深的氣
韻。

　　洋樓，這幢近百年的文藝復興時代後期巴洛克式的三層
樓建築，宏偉巍峨的圓頂、紅磚歐式的設計與建材，俱為一時
之選，圓拱式的樓側門庭，在這充滿異國風味洋樓前，卻是個
古意盎然的中式庭園，綠油油的草坪、中國風味十足的廊亭，

古風樓　古風樓是辜家未發跡前的閩南式紅磚砌成的
生活起居處（攝影：丁志達，1980年代）

台北榮星花園 台北榮星花園原爲辜家產業，由辜偉甫這一房負責經營，早期因採收費入園制，花園錦簇的庭園景觀，成爲臺北市重要的觀光景點（攝影：丁伯銘，1960年代）

構成一幅巧妙的景致庭園，小橋、垂柳，帶著濃濃的江南風情味，意境幽雅。

這樣的展覽場地布局，完全沒有典型博物館的規劃，但卻具親切的住家環境的感受，也讓裡面的文物，散發出一種樸拙的氣息，反而顯得活潑而有生氣。在夕陽餘暉下步出庭園的大門，一種莊嚴、沉思、彷彿負載著不僅僅是古老滄海桑田變遷的感概而已，還有唐朝陳子昂的〈登幽州台歌〉的詩作：「前不見古人，後不見來者，念天地之悠悠，獨愴然而涕下。」那種心情。

辜家人舉債的故事

辜顯榮有八子（孝德、皆的、岳甫、斌甫、振甫、偉甫、京生、寬敏）四女（敦治、註治、津治、秀治），其中的辜偉甫這一房，負責榮星花園、隆昌公司和南部大岡山糖廠，後來因經營不順，舉債二億三千萬元，其中向鹿港鄉親借的錢有一億五千零五十萬元，債權人二百多人，大多為辜家在鹿港的親友、員工、攤販及討海人，他們是以賺取利息方式把積蓄借給辜家。

這件倒債事件因當事人過世，雖立有遺囑要還錢，但其債務卻拖了好幾年，最後辜家人以六五折款項還給所有債權人，儘管只有拿到六五折現金，大多數鹿港人還是很滿意，因為回收一點總比全部丟了要強得多。鹿港人就是這麼可愛，「知天樂命」的「苦命人」，我的母親也是其中的債權人之一。

花瓶 日據時代的一對擺飾小花瓶，牡丹花前鳥兒鳴，歲月留下的塵垢猶存（攝影：丁志達，2011）

二十三、煙花三月後車路

從這條街岔進小巷裡，不遠便有一個專做漁郎生意的土娼寮，門口坐著一個肥大的土娼，穿著睡衣露出半邊奶子，百般無聊的在哼著「雪梅思君」。

巷底的小酒館裡，一個喝得滿面醉紅的浪子，正在跟那個老得聾掉了的酒保，大聲呼叫他昨晚跟他那個查某幹的淫猥的勾當。

街上一個老瘋婦，獨自念念有詞，在替他那個淹死在海裡的魚郎兒子招魂，她身後不遠，兩個扮黑白無常的人，拖著兩條血淋淋的舌子，邊走邊舞。中午十二點正，太陽烈白地照在鹿港鎮上。

—— 〈原鄉台灣島〉・鹿港作家施淑青

鹿港後車路，居中連接了鹿港兩大經濟動脈：碼頭區的舊街（暗街仔）與商業區的五福大街，因地利之便，這裡成了過往商旅的必經車道。大街後方的巷子被稱為「後車巷」，是過往商旅的娛樂場所。

隘門舊貌 過去鹿港有許多的隘門，除防範盜賊之外，也是鹿港各角頭的界線。目前，僅存後車巷的隘門，建於清道光十年（1830），門楣上書「門迎後車」（攝影：丁志達，1980年代）

　　後車巷由六路頭（第一公有市場）及福興、順興兩街西側後面直伸到雷公埕（第一銀行後面），現尚存隘門一座（門迎後車），是為後車巷之地標。

後車路的狗母生的

　　在清代鹿港商業繁榮的全盛時期，後車巷可說是酒館、茶樓、藝旦所聚集之地。據說當時的藝旦舉止斯文，擅長演奏南管樂，精通琴棋書畫，酒量好又善於猜酒拳，所以很受當時巨賈與公子哥兒在此流連忘往的銷金窟。

　　鹿港沒落後，後車巷已不見往日聲色犬馬、揮金如土的哥兒們來消費。因而，從滿巷皆是高級藝妓與富貴文人的風流雅宴，淪落到「趁食查某」半掩門幹著見不得人勾當的局面。「後車路的狗母生的」這是流傳於鹿港的一句罵人話，意指雜

種、或罵人爲私生子的意思。由此諺語也多少可推知往昔後車路的風花雪月，以及這一地區人群構成之混雜。如今走在這一條巷裡，只剩班駁蒼涼的老屋，任人揣想當年風流韻事。

台北藝旦來淘金

鹿港籍作家葉榮鐘，在其《小屋大車集》中，對鹿港這段繁華歲月的情景有如下生動的描述。

當時所謂的藝旦，除「聲、色、藝」三要素必須具備外，酒量和猜拳的技術也是不可少的。鹿港是古時的貿易港口，南管（曲）極爲流行。現在的京戲，叫做「外江調」，並不流行。當時又沒有伴奏的琴師，她們不但會唱又要會彈，必須斜抱「雲和」自彈、自唱。而且嫖客對於南曲大抵都有一手，所以不容她們亂唱一曲了事。他們有興趣時，會來一個「點唱」的玩意，無論大調小曲，須是不被考倒才算夠水準。若不具備這些資格，就上不得台盤（面），只好流爲土娼，鄉人叫做「半掩門」或「趁食查某」。

時代變遷後，人們越來越趨現實，當時的台北藝旦，裝束摩登，作風大膽，任君所欲，無不應付自如。鹿港這個地方，既是古都又是消費地，沒落以後，人浮於事，土生土長的本地人，已經無法立足，何況外地人哪裡站得住？唯獨台北藝旦，一批又一批，呼嘯而來，滿載而歸，莫怪鄉人稱他們爲「台北彪」。

這一批台北藝旦，鹿港人對他們印象惡劣，在葉文中可見一斑。

同樂閣酒家的匾額

丁玉書的《勿忘草·鹿港》書中，記錄一段有關鹿港同樂閣酒家的趣事。

在日據時代，鹿港街內有同樂閣、美華樓、昭月樓、朝鮮樓、和平樓共五間酒家，每家的酒廳都擺設花卉、懸掛字畫匾額，以壯聲勢。

我因職務上、友誼上時常要到酒家應酬。頭一次到同樂閣被案內（招待）。入座後，觀看四周，在四方屏風上有花卉紙匾裝飾，其中有一個紙製匾額寬近二尺、高一尺二寸，匾額上只寫「受青」二字，正楷字體端正，但無歲次及落筆者名。我因不知其意，就地請教酒友，皆稱不知。我只受過日本教育，對漢文當然是一個門外漢。

有一天，忽然想起堂兄丁瑞圖在當時為鹿港製鹽會社取締役，社會上、文化上有很多親友，所以向他請教。他笑笑而言：「您對那匾額也有興趣嗎？其意簡單，各加一字就明白。」他說：「加一字『心』看看，受加『心』即愛，青加『心』即情，兩字表明『愛情』。但在酒家女對客人說心愛、溫情都是口頭語，實在心內不是，所以將酒家女心情以『受青』兩字代表，知道嗎？」

雖然簡單二字，批評酒家女心情一言而破。

奉公壯年團公演　昭和十八年一月，鹿港奉公壯年
團結團一週年舉行公演紀念（提供：丁玉書，站著第
一排右五，1943）

樂觀園滄桑向誰訴

日據時期「醫師」、「教師」、「辯護士」（律師）是被
尊崇的職業，醫師被認為是最容易賺錢的行業，而「製冰」是
被認為本少多利，穩賺的生意，因而有：「第一好賣冰，第二
好醫生」的俗諺在民間流傳著。

鹿港樂觀園於昭和四年（1929）由鹿港實業家李恭支、李
恭擋兄弟投資興建，翌年落成，是日據時期中部地區第一座鋼
筋水泥劇場，也是當年鹿港建築物最醒目的地標，二次世界大
戰末期，曾遭美軍轟炸機投彈轟炸過，外牆上留有彈殼爆破的
「洞痕」。

李家兄弟當年開設碾米廠和雜貨業（商號「李和成」），

為鄉黨勸善立旌 鹿港名醫兼書法家陳百川,於昭
和十九年（1944）為鹿港第一座戲院樂觀園親題「為
鄉黨勸善立旌」橫匾,此匾與晉江狀元莊俊元所題之
「泉郊會館」並稱鹿港兩大匾;撰句者為陳懷澄,書
寫者為陳百川,鐫刻者為李松林,而使此匾有「三
絕」雅稱（提供:丁玉書）

富甲一方,本想投資製冰廠,但日本政府鼓勵李氏兄弟開設
戲院,於是聘請日籍建築師設計樂觀園,建地約三百坪,鋼
筋八分,磚塊一尺二為特製的,水泥購置日本唯一的淺野牌水
泥,內面牆壁貼白磁磚。建造期間,泥水匠大工每日一元、小
工八角,總建築金額為日幣三萬五千元。完工後,上下樓的席
位有一千二百席,客滿時,連同站位可容二千名。為適應當時
民情,樓上無分男女席,樓下則分男女席,靠外側為平等席,
票價較便宜,往內為一等席,中間為個人座是特別席約五十位
（最佳觀賞區）。婦人席在西邊,男士席在東邊。

樂觀園戲院外貌　樂觀園於昭
和五年（1930）落成。昭和十一
年（1936）三月十五日，鹿港
漁港築港促進街民大會在樂觀園
舉行，參加民眾達一千五百多人
（提供：丁玉書，1936）

提著油燈來看戲

　　開幕首演聘請日本天華技術團登台，接著演歌仔戲，日
夜各一場，一團公演約十天左右，受歡迎者可順延至一個月，
後來也演新劇（話劇）。每逢農閒時期，住在鄉下的農民就坐
著牛車，提著油燈到鹿港街內看戲，人山人海，連走道都站滿
想要看戲的觀眾，極盛一時；黑白無聲電影出現後，戲院就請
專人現場講解影片劇情，並有樂隊伴奏配樂。到了上世紀六〇
年代，電視開始播演歌仔戲，樂觀園只好轉型聘請歌舞團來公
演，香豔刺激的「脫衣舞秀」是賣座的保證，座無虛席，又風
光一時，奈何七〇年代初，警察在戲院內嚴格取締「脫衣秀」
表演，只好改放電影，但再也不能引來觀眾買票觀看，終於結
束營業，原址改建為公寓，當年風光一時的建築物，只能封藏
在老一輩鹿港人的記憶中。

公益廣告 興南／亞洲戲院因同一老闆（許志錕）經營，公益廣告也兩家戲院一起具名刊出（1981年6月1日《民聲日報》頭版廣告）

花旦遊街作廣告

　　早年，樂觀園戲院專門演「歌仔戲」、「新劇」時，爲了讓鎮民知道這個戲班的「陣容」，在公演的當天早上，「主角」、「配角」就搭乘著數輛「三輪車」，在陣頭前配合戲班的樂師的敲鑼打鼓聲，來吸引鎮民走出家門到大街來看「熱鬧」，以保證公演期間日、夜場都能「賣座」。尤其冬天的晚上，觀眾頂著「九降風」的呼嘯，也要來看「這場戲」。戲散後，有錢人就搭著三輪車回家，一般的觀眾又要逆著「九降風」走回家，而明天他們還會再來看戲，因每日的戲目不一樣。樂觀園的興衰始末，猶如一部鹿港社會變遷史。

興南與亞洲戲院

　　民國三十五年，在鹿港街內的民族路上，許家利用原興南產業株事會社的工廠（戰時生產纖維，供應日本軍隊之軍需

品）成立一家「興南戲院」，可容納觀眾八百名，以放映電影
為主。民國四十八年裝設自用發電機，民國五十年增加冷氣設
備。

　　上世紀五〇年代，台灣經濟開始起飛，娛樂休閒蔚為風
氣，日片、洋片、港片開放進口，許家就在「興南戲院」旁又
蓋了一家「亞洲大戲院」，有一千二百個席位，觀眾在購票
前，必須先走過經過一段長廊，可看到幾家賣「餐飲」、「百
貨」的店鋪，可稱為鹿港有名的「電影街」。由於當年受日本
教育的觀眾較多，日本片最受歡迎，「明治天皇」一片創下兩
天一萬五千人來觀賞的紀錄。

　　據說，這兩家戲院在農曆除夕當天放映的票房收入，都由
戲院的全體員工分紅，這在早年農業社會裡，這位老闆照顧員
工的「創舉」，的確蠻「貼心」又有「人情味」的。

看戲尾的故事

　　看戲是要花錢買票才能進場觀賞，有些聰明的小孩（還
不到要買半票的高度）就會在戲院門口拜託單身來看戲的「叔
叔」、「阿姨」帶他們「免費入場」看「霸王戲」。有些大人
則等到「戲尾」要結束前十分鐘，戲院服務人員就會先打開戲
院出口大門讓觀眾準備出場，這時，不想買票又想看戲的人，
就可免費觀賞十分鐘的「結局戲」。

　　這頗有人情味的戲院特殊風光，如今已成絕響，鹿港以前
三間戲院都已歇業，原興南戲院與亞洲戲院則已改為商場型態
百貨業在經營。

兩家戲院負責人 2012年台灣燈會活動期間，作者在鹿港街上，偶遇父親的好友亞洲與興南二家戲院的創辦人許志錕先生（右一），合照留念（提供：丁志達，2012）

粉墨登場 鹿港各廟口在有重要慶典時，常會有各種野台戲的表演。正戲演出之前必先「扮仙」為信徒祈福謝神，而劇情內容通常是善惡終有報，有情人終成眷屬之大團圓結局（攝影：丁志達，2012）

第六篇

民俗采風

二十四、鹿港街景風情畫

台北不是我的家／我的家鄉沒有霓虹燈／鹿港的街道／鹿港的漁村／媽祖廟裡燒香的人們／台北不是我的家／我的家鄉沒有霓虹燈／鹿港的清晨／鹿港的黃昏／徘徊在文明裡的人們
　　　　　　　　　——〈鹿港小鎮〉·羅大佑

民國七十一年，「鹿港小鎮」是羅大佑第一張個人專輯《之乎者也》的開場曲，轟轟烈烈地標誌了新時代的開端。事實上，他寫「鹿港小鎮」的時候，壓根兒沒去過鹿港。然而這首歌刻劃的離鄉青年在都市叢林經歷的幻滅，對照被「現代化」鐵蹄無情碾碎的農業時代的「故鄉台灣」，那句悲憤莫名的「台北不是我的家／我的家鄉沒有霓虹燈」，著實唱出了許多遊子的心情。

不見天街範圍

鹿港的商業型態，因地域的不同而有不同的產業分布。泉州街位在鹿港的西方，為帆船進出港口的咽喉，是一個大、

鹿港舊街景 市區改正下，鹿港不見天街被拆了，留下了這張從高台眺望舊鹿港街的格局（從車路口向南望）（提供：丁玉書）

中船頭行的集散地區，船隻進入鹿港河道後，經埔頭街、瑤林街、低厝仔、暗街仔，此段爲中小型船頭行的聚集地。船頭行本身除擁有自己的船隻之外，其商業型態爲一中盤商經營方式，所以，此區域建築較不重視門面裝飾。

現今的鹿港中山路，在清代稱爲「鹿港大街」、「馬芝大路」、「五福大街」，北連崎子腳街、城隍廟口、菜市頭街；南接板店街、土城（昔日台糖火車站），一至文祠，一接頂街尾、中街尾、下街尾，全長達一公里許。街道設有頂蓋，故稱之「不見天街」。

日據時期，日人引進西方觀點的都市更新計畫，以改善居家衛生環境爲由，在昭和八年（1933）強制拆除不見天街，昭和九年由台中州知事竹下豐次指令鹿港實施市區改正，將五福

伉儷情深騎車行 夜晚的中山路，丈夫（丁玉書）騎著自行車，載著太太（施彩鶯）在回家的路上，伉儷情深，難得一見（攝影：林彰三，1980年代）

街屋立面都重新改建，採用鋼筋混凝土，洗石子工法，塑造當時流行的「現代藝術裝飾式樣」，整體外觀顯得簡潔有力，成為街道特殊的風格。台灣光復後，將這條商業街易名為「中山路」。

露天排水溝

在中山路兩旁的露天排水溝上，每兩戶之間，鎮公所會放置著一個用水泥做的「垃圾箱」，以供住戶丟棄垃圾之用。但是每戶人家每天丟棄的垃圾量並不會太多（惜物），因鹿港港口淤塞後，外地商戶已少有人到鹿港批貨，商店變成「純住家」，家家戶戶都在吃「老本」，也不得不養成「節儉」的習

中山路街景 照片的背景，中山路水溝上，兩戶人家放有一個垃圾桶（左）和一個堆放沙包槽，有環保兼防火的功能（提供：丁玉書，1964）

慣，垃圾分類，等著「酒干倘賣無」的收舊貨人來收購，論斤秤重的賣給他們做回收。

除了兩戶之間在水溝上放置的公用垃圾箱外，另一方的水溝上，則用紅磚砌成一個凹槽，裡面放著沙包，因為鹿港古屋的建材是用木料搭蓋的，在還沒有「滅火器」的年代，這個大槽內的沙包有「滅火」的功能。

清理水溝奇景

鹿港鎮公所必須僱用清道夫清理水溝，這個職缺由作者的祖母娘家的一位「姪兒」經作者的父親介紹來擔任，尤其在下過雨後清理水溝時，總會發現在水溝裡的青蛙在跳躍，這位「表叔」就把牠抓起來，在經過作者家時，順手就交給了他的

國慶日遊行 台灣解嚴前（1948-1987）的每年重要紀念日，鹿港各機關和學校（幼稚園）都要集合、整隊在中山路上遊行，街上每戶人家門前都要插上國旗，普天同慶，喜樂洋洋（攝影：丁志達）

「姑姑」（作者的祖母）。祖母就會殺青蛙，煮上一碗的「薑絲青蛙湯」，這也是作者的童年記憶中，三不五時在餐桌上可吃到、喝到的一道據說對身體很補，身上不容易生瘡的免費「食療」絕品。

沒有霓虹燈的鹿港

以前，中山路上兩旁種有「樹木」來美化街道，同時等距相隔間就會豎立一根「電線（話）桿」。桿上掛著的電線，它是飛來麻雀臨時落腳的地方，行人過馬路到對街時，一定要從電線下穿過，「運氣不好」的人，麻雀下的「鳥屎」剛好落到這位行人的頭頂或肩膀上，回到家後，家人除了要馬上生火，

燒一壺開水來洗個「髒頭」或換洗這件「髒衣服」外，還要煮一碗麵線給這位「倒楣鬼」（台語說「眞衰」）去「霉運」。

記憶中的一場車禍

民國四十年代，鹿港人家如果能買有一輛腳踏車來作為交通工具，就被認為是「有錢人」，當年買一部腳踏車是要登記，且要繳「牌照稅」的。街上少見到「黑頭車」（轎車）穿梭於中山路上，只有偶爾出任務的「軍車」，或一、二個小時才等得到冒著黑煙駛過的「彰化客運」、「員林客運」班車。

民國三十四年一月，作者的母親生下了我，取名「志達」，幾個月後同住在這一古宅第三落的「培嵩姆」也生下了一個「男嬰」，取名「達雄」。這兩位因為「同年」出生，就順理成章的成為小時候的玩伴。

民國三十九年十一月，作者的大舅舉家遷居北部經商，乃邀請作者一家人搬到「烏魚寮」的舅舅家代為「管家」（鹿港公園旁元大寶來證券）。雖然作者已不住在舊家，但是還是會經常回舊家跟「達雄」玩在一起。記得在民國四十年四月某一天中午吃過飯後，我跟母親說我要去找「達雄」玩。當我到舊家時，看到門口前馬路上停了一輛黑頭車，一群鄰居正圍在大門口往宅內觀望，大家交頭接耳，議論紛紛，我從人群中竄進我家大廳內，卻發現我的玩伴已躺在一塊木板上，用白布蓋著，原來他剛被轎車撞上了，急救無效，斷氣了。他等待再過幾個月要跟作者一起上學的美夢沒了，我也失去了一個「同庚」的未來「同班同學」。

國小畢業證書　台灣光復後，國校畢業證書、獎狀的
上方都印有國父遺像及兩面國旗（攝影：丁志達）

　　民國四十三年，我們又搬回中山路老家居住，而「培嵩
姆」也非常照顧作者，可能是看到作者，就想到她已過逝的兒
子，心中應該想著如果沒有那場車禍發生，他已經長得像我那
麼高了，所以對作者特別的照顧。

水裡逃生的故事

　　作者的母親生前曾經跟作者說過，在作者尚在襁褓時，曾
經掉落在中山路排水溝裡的一段往事。

　　作者的外婆家（意和行古宅）只要家中有「拜拜」，母
親就會回娘家吃飯。在夏天，鹿港的下午經常都會下一陣子西
北雨，雨來得快，風吹得急，躲都躲不了。一場驟雨，中山
路上的水溝很快的溢滿雨水，然後流到馬路上，汪洋一片。母

親吃過飯後，看到天空烏雲密布，趕緊帶著小孩回家，走在半路上，雷雨交加，她抱著不到周歲的作者，就想躲到商家前的「亭子腳」要避雨時，一不小心，滑了腳，鬆了手，這位嬰兒掉落在「水溝」裡，說時遲，那時快，她趕緊放下手邊的兩個女兒，跳入水溝內，將差點被水沖走的嬰兒「撈」起來，這小孩算是命大，死裡逃生，也嚇得母親驚悚不已，因為她已經生了三個女兒（其中一位送養），好不容易生下這個男孩。

含飴弄曾孫　冬日，纏足的老人（王福氣），在家門口的木長椅上抱著曾孫（丁經岳）曬太陽，代代相傳（攝影：丁志達，1974）

二十五、宜樓依舊風流散

人自依牆閒曝背，我來訪古費沉吟；宜樓依舊風流散，悵觸滄桑感不禁。

——曲巷冬晴·鹿港詩人施文炳

摸乳巷，光是它的名字，就能引人遐思，是鹿港著名的景點之一。它位在黃慶源商號的斜對面（菜園路38號旁）巷弄內，其兩側為五進長廊式的構造，在兩側等身高牆的空間，留下一條窄小、陰暗的通路，最窄處不到七十公分，若是碰到男女正巧面迎面走過來，女的會用手護住胸部，讓男的通過，於是便出現粗俚的「摸乳巷」說法而聞名。

曲巷冬晴

鹿港近海，風沙特強，尤其秋冬之際，有名的「九降風」（東北季風）吹襲下，行人、商旅頗感不便。先民有鑑於此，在建築屋舍時，採取梯形（東南）巷道方式，約每建十間屋

子，路面一彎曲而成鋸齒狀，以阻擋東北季風的吹襲。冬日寒氣逼人，走入巷內寂靜暖和如春，這就是鹿港八景之一「曲巷冬晴」的古巷景觀。

九曲巷，自泉州街（日茂行）、埔頭街（新祖宮）、瑤林街（九間厝後宅）、暗街仔、六路頭（菜市場邊），然後一分米市街（美市街）、杉行街到龍山寺；一分金盛巷（九曲巷建築的精華區），橫跨五福街入安平鎮，曲曲折折，為馳名中外的九曲巷。

甕牖斜陽

狹長的巷道，寬度僅三公尺左右，逶迤迴轉，街道全以古老的紅磚鋪成，兩側的古屋，大多有二百多年的歷史，磚色依

甕牖 以廢棄的之紹興酒甕做圍牆材料，每一堵甕牆都是先民巧思的結晶，也可以看出鹿港人「物盡其用」的生活哲學（攝影：丁志達，1980年代）

舊紅豔奪目，有幾戶人家的外牆，一排排黃色古老的紹興空酒罈做成的通風甕牖，構圖十分佳美，獨具巧思風格，尤其在陽光照射下，陰影分明，樸拙而粗獷，是鹿港古民居建築的一大特色，也充分表現了鹿港人物盡其用的生活哲學。

菊花牆，是在磚牆上以瓦片對覆排成六瓣狀菊花，樸實而不失典雅，隱約可體會到庭院深深透露出來的暖香氣息。此外，還有一種磚牖，是特製的花形空心磚嵌在牆上，便成爲綺麗的窗牖，而如今，風雨侵蝕，殘痕斑斑，令人不禁興起思古之幽情，教人徘徊復徘徊，不忍移步而去。

半井思源

自來水提供了現代人飲水的方便，當鹿港水廠的水管在鎮上鋪設後，一種古老的行業——挑水夫就開始銷聲匿跡，不見蹤影。每一間古屋內的水井被填平或封閉。

走在瑤林街的巷道裡，在一家王宅門牆前，尚可見到一口半邊井的遺跡，井已被填平，但外型尚在，另半邊井在院內，係供自家人提水取用，而屋外的半邊井，係供一些鄰家沒有空地可鑿井的人家使用，睹物思情，怎不令人懷念古人敦親睦鄰的美德，這種人情味是現代繁忙社會生活的人所難以想像的。

當年的家庭主婦，井邊是她們的「社交場所」，也是話家常的地方。在清晨或黃昏，抱著一堆家人換洗過的衣物來到井邊擣衣，張家長李家短，一些流言就在井邊耳語後流傳出來，爲古老封閉的社會生活點綴得多采多姿。

三槐挺秀堂號 「三槐挺秀」的王
宅門額堂號，依舊是巍峨的高樓，
依舊是那紅磚牆面，依舊是那半邊
古井，雖然井水已乾涸，但願那人
間情義依舊不變（攝影：丁志達，
2010）

隘門後車

　　鹿港詩人莊太岳的〈鹿江竹枝詞〉寫著：「宮後牛墟又茶
園，況兼前港更難言；誰知三姓施黃許，怙惡原不過隘門。」
道出以前不同族群之間相處的智慧。

　　「宮後、茶園、牛墟」均為鹿港區域名。宮後即天后宮後
方，以施姓族人為多；茶園則以黃姓族人為多；牛墟為牛墟頭
簡稱，以許姓族人為多。鹿港諺語說：「宮後施、茶園黃、牛
墟許。」說明了施、黃、許為鹿港三大姓，及其各自因為血緣
關係而聚居的角頭範圍。

　　早期鹿港的大街小巷交接之處，均設有大小隘門（把守險

要通道的門戶）數十座，以防宵小侵入或他姓尋仇滋事，白天開啓，夜晚大門關閉上鎖，另闢一個小門供家人出入。隘門的構造是用厚木板製成的，有單門、雙門或中間加裝木門者，頂層另設門樓，以供瞭望人的居所。

宜樓掬月

金盛巷，寬三尺至八尺不等，整條巷子鋪以紅磚，殘痕斑斑，壁磚久經風吹雨打，凹凸不平，在夕照之下，陰暗分明，自成妙趣。巷內有一棟十宜樓（跑馬樓），橫跨在巷中，東西兩樓房與長巷構成十字而得名，是目前鹿港碩果僅存的「不見天街」遺跡。

十宜樓 十宜樓原屋主爲清朝布政使陳祈的居住所，也是昔日鹿港騷人墨客夜宴吟詩、塡詞，宜詩、書、畫、琴、棋、煙、花、博、酒、茶的聚會場所（提供：丁玉書）

十宜樓的樓台磚砌欄杆，鑲著綠釉琉璃花窗，朱紅的閩南磚塊，加以紫藤圍繞其間，欄上盆栽散置其上，花木扶疏，構圖典雅奇特，直教人想像、體會到寧靜與和諧之美。

銃櫃風雲

鹿港在清乾隆四十九年（1784）正式開港，開始擁入了大批的移民落腳，省籍情結對立，分類械鬥事件爭紛不斷，造成地方的動亂與不安。在中日簽訂馬關條約時，李鴻章曾對日本首相伊藤博文說過，台灣是一個「三年小叛、五年大亂」的地方，這是清廷治台未上軌道的明證。地方的治安維護，只好靠當地居民共同來承擔這一任務。

銃櫃，是鹿港居民自衛的公共設施之一。在十宜樓隔壁，目前還保留著一個用磚頭在樓台上砌成的小型堡壘式實體，居高臨下，鳥瞰監視後巷來往行人，並有銃眼三孔及兩個瞭望口，可作安置槍械或觀察之用。今日臨巷遙望此一遺跡，對先民與暴民拚鬥的保鄉為民的情操，怎能不令人肅然起敬。

淒美感人的愛情故事

在鹿港和興派出所（中山路）斜對面，有一條小巷，從巷口步入約十公尺處，仰頭可看到一處紅磚閩式閣樓，窗牖中恰對著一株枝幹虯曲盤結的楊桃樹。圓形的窗牖，葫蘆與古錢交錯的圖案，繁複多姿，綠蔭掩映，雅致古樸，這是慶昌古厝「天遺室」的閣樓。它有一段纏綿哀怨的愛情傳說，點綴在這

慶昌古厝 慶昌古厝的古老木門，門板上古樸的門環，貼上以「雙慶百昌」為對句所書寫的門聯，兩側用木條做成窗子，上方又有「木版畫」裝飾，古色古香的門面已難得一見（攝影：丁志達）

古老寂靜的院落裡，它就是當地人所稱的「意樓」。

　　故事的主角，是一位命運坎坷的美麗少婦尹娘，在新婚不久，夫婿便因事遠離家鄉，臨行前，種植了這一株楊桃樹苗在窗畔前的庭院中，作為等待再相會的日程表。尹娘千叮萬囑要郎君記得歸期，誰知道，望斷天涯，夫婿一去音訊杳如黃鶴，癡情的尹娘，日夜守在窗畔前，春去秋來，只見楊桃樹葉落了，又綠了，但始終不見良人歸。

　　思悠悠、恨悠悠、恨到歸時方始休。尹娘流乾了半生的淚水，終於悒鬱地在意樓終其一生，而當年種植的楊桃樹，還是癡癡佇立在巷側，在夏天裡枝葉爬滿磚牆，繼續等待主人的歸來。

二十六、鹿港年俗趣事多

初一場／初二場／初三老鼠娶新娘／初四神落天／初五隔
開／初六挹肥／初七七元／初八完全／初九天公生／初十有食食
／十一請子婿／十二查某囝返來拜／十三食泔糜配芥菜／十四結
燈棚／十五上元暝／十六相公生

——正月調‧台灣童謠

　　這首古早流傳的台灣童謠，用閩南語唸起來很有押韻，短
短數語，幾乎把春節期間的民間節目及生活習俗形容得淋漓盡
致。俗話說：「千里不同風，百年不同俗。」的確，「新春年
俗」會因時、因地、因社會生活型態的變遷而改變，現在「年
味」愈來愈淡，「度假休閒」活動愈來愈濃，而鹿港可說是還
保存著泉州人過春節傳統的一些古風，樸實、守舊的「原味」
古鎮。

穿長袍馬褂來拜年 春節期間，喜氣洋洋的一對夫婿（丁玉書）陪著夫人（施彩鷥）回鳥魚寮的施家拜年兼祝壽的合照（提供：丁志申）

噴春

從子夜到天亮，家家戶戶燃放鞭炮之聲接連不斷，祈求平安如意並增添熱鬧氣氛。街上「鼓車陣」（係由三人組成的小樂隊，一人打鼓、一人敲鑼、一人吹嗩吶）穿梭在各家正廳（神明廳），吹奏著「滿堂紅」或「天官賜福」等吉祥樂曲，奏畢，由主人賞賜紅包，隨即告辭，俗稱「噴春」。另有乞丐手提著一枝結有紅線串錢的榕樹枝（搖錢樹），到各戶人家門口唸一些吉祥的辭句，諸如「新春大發財，錢銀滾滾來」、「一文分，年年春」、「狀元子，舉人孫」、「一文分，生男生孫」，以討個「紅包」好過年。

許氏祖厝　昔日鹿港牛墟頭武進士許肇清的祖厝，典型的木造門面，貼春聯，掛上特製「許姓」標誌的八仙彩，前埕擺飾數盆的應景花卉，古色古香，年味十足（攝影：丁志達，1980年代）

新春家居布置

　　新春期間，家家戶戶張燈結彩喜洋洋，門楣上掛著刺繡的「八仙綵」（鍾離權、張果老、呂洞賓、李鐵拐、何仙姑、藍采和、韓湘子和曹國舅）。大廳八仙桌上擺放著敬奉神明、敬祖的甜點（紅棗、冬瓜糖、花生、冰糖、瓜子等），用紅色紙紮住的三束長壽麵線，用長年菜圍著邊的一碗春飯（取諧音剩飯，表示家有餘糧），插上一蕊「噴春花」，在棕色的甜粿上面，疊放品字形的黃橙色年柑五個，供桌上的花瓶插上梅花或桃花，香爐台的兩側放置一對錫燭台，燭台上點燃著蠟燭，宣爐內則燃放著芳香的檀木末，輕煙裊裊，大廳的茶几上則擺放著數

盆水仙花，滿室芬芳，而兩側牆壁上掛著鹿港名書法及畫家的字畫，使廳堂顯得極為恬靜幽雅之境，增加過年的吉祥氣氛。

行春

　　新春第一天，全家人穿著新裝出遊，稱作「行春（出行）」，取愈走愈能存錢的意思。但出行的方向，必須根據自己的出生時辰，配合天干地支等曆書的記載，找出吉方、吉時邁出第一步，因為吉方有福神，會降福。

　　傳統習俗上，出嫁的女兒不適宜在這一天回娘家，會給娘家帶來一整年「衰運」。當天，每位婦女在其髮髻上插上一對「迎春花」，帶著牲禮、祭品前往寺廟燒香、祈福。各廟宇在春節期間，信男信女熙熙攘攘，呈現一片昇平的氣象。

穿新衣照相去　民國四十二年春節，丁家的小孩都拿到了紅包，又穿上新衣服，集資照相去（前排左一為作者）（攝影：新生照相館）

記得民國四十二年的大年初一，丁家小孩每人拿到了壓歲錢後，就到「新生照相館」合照一張照片，費用大家均分，如今留下了一幅珍貴的童年過年記憶。

回娘家作客

初二到初五稱為新正期間，拜訪親戚友人。按照習俗，出嫁的女兒，初二才能回娘家，稱為「作客」、「返外家（娘家）」。當天早上，大都由娘家的小孩帶著檳榔籃（內放檳榔、香菸）到姑母、大姊（已出嫁）家，迎接歸寧。姑母或姊姊會給一個紅包，並準備一碗雞蛋加麵線，預祝好運連連。女兒「返外家」也不得空手，多半要準備一些「伴手禮」（等路）。

俚諺說：「有父有母初二、三，無父無母鬥擔擔（抬不起頭來）。」意思是說，娘家父母還健在的媳婦，初二、初三一定會有人前來接回去「作客」，娘家父母已過世的媳婦，只好繼續留在婆家做家事，眼睜睜的看著妯娌一個個被娘家人接回，個中滋味可想而知，實在難受。

賭禁解嚴

鹿港第一菜市場內，從元旦到初三，賭禁大開（因警察不抓賭）。記得有一年，作者的堂姊夫（住員林）來我家「作客」，在等「吃飯」的空檔時間，就帶著作者的弟弟到鹿港菜市場邊的米市街上玩起「紙牌」遊戲，結果兩位的財運不佳，

姊夫輸光了他帶在身上的現金外，也把小弟過年長輩給他的壓歲錢「代操盤」也輸光了，兩位才悻悻然的回家吃那頓「食不下嚥」的「豐沛」中餐。

神明銷假上班

去年臘月廿四日升天奏報的諸神，都在初四當天返回人間，家家戶戶準備牲醴、燒香燭、燒紙馬（在草紙上印上馬形，以供諸神返駕代步）來迎接司命真君（灶神）及其他神衹的下凡人間，祭拜完後點燃灶火，代表灶神已歸位執掌。俗話說：「送神早，接神遲。」接神都在午後舉行。

商家開張大吉

正月初五是五路財神的生日，有些人相信在初五拜財神可以獲得更多福氣，因此部分的店家與公司行號會挑在這一天進行開市或開工，俗稱「隔開」，表示新正暫告一段落。

天公生

初九天公（玉皇大帝）生，則是新年以來最隆重的祭典。民間流傳著一句諺語：「天頂公，地下母舅公。」可見其地位的尊崇。

家中祭壇一律設在神明廳，用長凳子和金紙疊起八仙桌，俗為「頂桌」；其下另有一桌，稱為「下桌」。頂桌上鋪著

新春祭祖 鹿港習俗，從大年初一到初五，每天早晨都要準備飯菜祭祖、燒金紙，慎終追遠（攝影：丁志達）

彩花緞面的桌裙，一個燈座（用彩色紙糊成的圓形玉皇大帝的寶座）、五果、六素（齋）、三束麵線、清茶三杯，專供天公享用。下桌為供奉天公的隨從僚屬，供品有五牲（雞、鴨、魚、豬頭、豬肝。雞只能用閹雞，雞鴨的尾巴都要留一撮長羽毛）、紅龜粿（紅色代表吉祥，龜甲紋代表延年益壽）等。

初八午夜子時後，全家老幼就要齊聚廳堂，年長者一定要穿上長袍馬褂後再上香，向天公行三跪九叩大禮，晚輩再依序跪拜。祭祀完畢，還要燒一種特製的「天公金」與燈座，然後燃放鞭炮，恭送天公回天庭。

一百二十拜

作者的堂伯父丁瑞鈇在其所著的《懷恩感舊錄》中，論

天公生做壽 民國五十九（庚戌）年農曆正月初九，意合行女主人黃過（前排左四）八十大壽，施府親友團聚祝壽合照（提供：施彩鶯，前排左三，1970）

及他出生後體弱多病（遺腹子），他的母親特向天公許願，此兒若能成長到十六歲時，將特別以豬、羊謝神，叩謝天公。後來當他十六歲時，在天公生日之當夜，他的母親依願叩謝天公之加護，拜一百二十拜。他的母親纏足，足部細小，普通步行都很困難，當夜他親眼看著他的母親拜一百二十拜，叩頭三百六十次，真是難過至極，不忍看到拜完，先行告退。

　　這一幕充分流露母親愛子的偉大，至今思之，猶歷歷如昨，感念至深。

元宵觀燈

　　正月十五為元宵節，是天官大帝（三界公）生日。此日清

晨，每家都用元宵湯丸敬神祀祖，祈求賜福。夜晚俗稱「上元暝」，小孩提花燈，三五成群的兒童，在住家附近的街頭巷尾溜達、喧鬧一番。

燈猜，是上元夜的韻事，猜中者，鼓面連打三聲「咚」、「咚」、「咚」，抱獎而歸；猜不中者，就打鼓緣。例如：謎題「新婚」，謎底是射「唐詩中的一句」，假如有人回答：「蓬門今始為君開」（唐・杜甫），就算猜中而獲得獎品，香皂一塊。

提鼓仔燈的故事

記得小時候，元宵節這一天，我們一家人都會到九間厝外婆家吃飯，夜晚回家的路上，提著二舅（施秋山）自己做的彩繪蓮花燈，走在月光照到的石板路面上，迎著陣陣吹過的「九降風」，一路上總是擔心著花燈內微亮的蠟燭光會被吹熄，這個畫面、這個場景，今日已無處可尋，因為路燈太亮、古屋已改建新屋，只能空回憶，捕捉那已消失的「童趣」幻影。

囡仔愛年到 台諺說：「大人亂操操，囡仔愛年到。」小孩因為過年可以穿新衣、領紅包、到處玩，歡喜新年到（攝影：丁志達，1978）

二十七、熱鬧滾滾七月天

七月初一放水燈／初二普王宮／初三米市街／初四文武廟／
初五城隍廟／初六土城／初七七娘媽生／初八新宮邊／初九興化
宮口／初十港底／十一菜園／十二龍山寺／十三衙門／十四飫鬼
埕／十五舊宮／十六東石／十七郭厝／十八營盤地／十九杉行街
／二十後寮仔／廿一後車路／廿二船仔頭／廿三街尾／廿四宮後
／廿五許厝埔／廿六牛墟頭／廿七安平鎮／廿八泊仔寮／廿九泉
州街／三十通港普／八月初一龜粿店／初二米粉寮／初三乞食寮
　　　　　　　　　　　　　　　　　——鹿港七月普渡謠

　　日據時代的鹿港聞人辜顯榮遷居台北，許多鹿港人也到北
部打拚。搬到台北的辜家相當照顧同鄉，同鄉之間流傳著一則
故事，「鹿僑」若是走頭無路時，可以到辜家求援。辜家掌櫃
就憑著鹿港腔調吟唱的七月普渡歌，來辨認這位上門認親的人
究竟是不是正牌的鹿港鄉親。

　　農曆七月是鹿港拜拜最頻繁的一個月，每天至少有一個
「角頭」（地區）在祭拜孤魂野鬼。「鹿港普渡謠」內容詳細
記載了過去鹿港普渡祭拜時，整個農曆七月拜拜外，還要延長

台北辜宅 日據初期，辜顯榮取得台灣官鹽專賣權後，於淡水河畔建築鹽館辦公室及後棟的三層樓住宅，展現當時富商的氣派與自信（攝影：丁志達，2010）

到八月初才結束一場人鬼共處的「民間」活動。

茱園豬，街尾戲

「茱園豬，街尾戲」這句諺語點出了農曆七月十一日茱園普渡，宰的豬隻最多，二十三日街尾普渡，演的戲班最精彩，就說明了過去鹿港全鎮普渡的程序，也可窺見往昔鹿港的富裕與繁華。

政府為了改良風俗，糾正普渡陋規，自民國四十七年起，規定農曆七月十五日全省統一舉行中元普渡，各地拜拜的風氣才逐漸簡化，節省許多宴客的浪費。

法師招鬼魂　　法師（道士）是人與鬼神之間的仲介人，除了普渡期間是道士最忙碌的月份外，廟宇的落成啟用也要請他們來主持「祭鬼」，地方上才能平安無事過日子（攝影：丁志達，2013）

初一開鬼門關

　　往昔的七月初一，地藏王廟在卯時開啟廟前一向終年關閉之北門，這項儀式稱為打開「鬼門關」，將眾鬼魂放出覓食。傳說，這些從地藏王廟放出的「好兄弟」，先要到大將爺廟（威靈廟）聽完道士宣讀「放假守則」，才可自由四處覓食。

　　是日下午，各戶在門口供拜「五味飯」、粿、粽等，每樣供品上各插上一枝香，點燭焚香，燒經衣、銀紙，俗稱「拜門口」，由於只是讓途經的好兄弟小歇吃食，祈求「小鬼」別入屋侵擾家人，所以不用提供太過豐盛的供品。晚間各家的屋簷下都懸掛著「慶讚中元」、「普渡陰光」的玻璃燈或走馬燈，

燈火通明，如同白晝，供孤魂們行走時照明用，這就是鹿港普渡謠「初一放水燈」的普渡前奏曲。

姓氏普歌謠

鹿港除了「七月普渡謠」所述的各角頭的街普之外，還有鹿港十二大姓每隔十二年輪流主持大普，稱為「姓氏普」或「字姓普」。每年輪值在七月十五日舉行。

塘頭鼠、棧下牛、堂邊虎、蘇厝兔、後宅龍、埔仔蛇、紅窟馬、堂後羊、崙後猴、山仔雞、吳頭狗、後頭豬。以上這段「大普謠」，就是各個姓氏按年份負責籌辦普渡的順序。據說，姓氏普歌謠前面的名稱是泉州原籍的地名或堂號，代表各姓氏；後邊的十二生肖則代表年份，即「王姓鼠，施姓牛，蔡姓虎，蘇姓兔，林姓龍，楊姓蛇，洪姓馬，黃姓羊，劉姓猴，陳姓雞，張姓狗，蕭姓豬。」

七娘媽生

七月七日，俗稱七娘媽生。在傍晚時分，在家中正廳前擺上一張桌子，放置一個「七娘媽亭」（削竹、剪紙製成如樓台狀，內貼花紙神像，是供女神休憩吃飯的地方）。祭品有糖粿（湯圓之一種，中央用指頭把它壓成凹狀）、七碟、牲禮、雞酒、油飯外，還要準備胭脂、凸粉（化妝品）、紅紗、鮮花（圓仔花、雞冠花、染指甲花）等，桌底下擺放一條毛巾和裝了清水的臉盆，供諸女神梳妝打扮之用。祭畢，焚燒「七娘媽

亭」，然後把一部分的生花、粉餅等拋到屋頂上，另一部分留下自用。據說，女人用了這些留下來的用品可以變得如「七娘媽」一樣的美麗、漂亮。

這一天，還要拜床母（眠床之神）。據說，嬰兒未成年之前都是「床母」在看護，以雞酒、油飯祭拜，焚化「四方金」及「床母衣」，祈求平安。

盂蘭盆會

中元節（七月半）是地官大帝的誕辰，也是逝去的祖先歸家之日。家家戶戶都會設供品祭祖，順便祭拜好兄弟，稱為「盂蘭盆會」。

中元節的祭典在舊祖宮（天后宮）舉行；目前普渡已簡化

中元祭品 中元節在夏天舉行，為了怕準備的葷食容易腐壞，因而買一些乾貨應景，插上「一心誠敬」，好讓小鬼帶回去慢慢享受另一頓美食（攝影：丁志達，1982）

成中元節這天舉辦完畢，普渡的舞台焦點也移至位於街尾的地藏王廟（統轄十殿閻羅，陰間眾鬼都由祂管理）。

普渡壇外面設有「孤棚」（搭建的木板台），把各家各戶送來的三牲、粿粽、筵席菜、果碟以及山珍海味等供品排列在棚內。主事者分別在每件祭品上插上一支藍、紅、綠等顏色的三角紙旗，上書「中元慶讚」、「一心誠敬」等字樣。

俗話說：「平平四十五盞」，亦即普渡祭品不可少於四十五個籮筐（盛物的竹器）。祭品中以雞、鴨居多，俗稱：「七月半鴨，不知死活」，道盡了家禽遭殃的月份。

普渡的禮儀程序是開樂、發關、豎旛、請神、謝三界、請觀音、請孤魂、安灶君、拜幢、獻供、小施、揚旛、謝壇之後，群集在廟前的群眾聽到一聲銅鑼聲，大家蜂湧向孤棚衝去，喊聲震天，奮不顧身，搶奪供品，俗稱「搶孤」。

三十 通港普

七月普渡結束當天，每戶人家下午在門口敬備五味碗、牲禮敬奉各路好兄弟，然後燒金紙，將燈篙撤下來，表示普渡結束。

大將廟（威靈宮）是日舉行大法會，俗稱「收庵」，就將七月初一由地藏王廟放出來的鬼魂，經過一個月到各處免費用餐後，由大將爺負責帶隊，送交地藏王看管，這些鬼魂必須再等一年，才能再放「普渡假」，免費吃喝，遊蕩一個月。

堆積在廟埕前的冥界使用紙鈔，在燃燒的餘火下化作灰燼，彷彿在剎那之間，屬於七月的魑魅魍魎已淡淡的遠去了，再過半個月，輪到陽間的人們要過中秋節，吃「月餅」、賞月了。

七月禁忌多

七月，小孩絕對不准到溪邊玩水、游泳，因為水鬼會找人替生；忌捕捉蜻蜓，這種昆蟲是鬼魂的化身，小心引鬼上門，這就是七月對小孩的禁忌；不能娶媳婦入門，怕的是淘氣鬼會冒充姑娘嫁進來，娶到「鬼新娘」；忌亂踩冥紙，難保不會讓鬼魂們生氣，自然會對人不利；夜晚要把衣服收回屋內，避免小鬼穿上作祟，不得安寧。

晾衣服的禁忌 農曆七月，日落前要將陽台上晾曬的衣服都收起來，以防「好兄弟」拿去穿過，人再穿了，鬼附身，不是生病就是死亡（攝影：丁志達，1980年代）

肚臍開花的故事

農曆七月，鹿港各角頭分日舉行普渡祭典，鹿港詩人施讓甫的詩作說：「瓜秋朔旦鬼門開，日演梨園幾十檯；三十日間輪遍遍，自誇普渡冠全臺。」因此，各戲班為兜攬生意，在七月初一當日的演出就要特別賣力，演戲戲目，精彩絕倫。如果兩個戲班在同一地演出，自然而然的會競爭（拚戲）起來。

據說有一次，兩個戲班由「文戲」拚到「武戲」，還分不出勝負。甲班一個丑角為爭取榮譽，便緣著戲臺棚柱的大麻竹，升到頂端，把腰部貼在竹尾上，然後手足齊放。乙班問道：「這叫什麼名堂？」那小丑坐在頂端答到：「肚臍開花」，答畢，獲得觀眾滿堂彩。

乙班為了挽回劣勢，由一位淨角抱著破釜沉舟的心情出來應戰。他如法炮製一番，可是身手笨拙，當他要收回雙腳的剎那，身體失去重心，竟沿著戲台搭建的麻竹柱子滑了下來，不死也是半條命的，但在跌落的半途，竟然抓緊了麻竹柱而救了一命。於是他也假裝若無其事的站在舞台上，攤開雙手向觀眾笑了一笑，這時，甲班的人明知故問：「這是什麼戲碼？」這位淨角卻不假思索的回答說：「蜘蛛吐絲」，真是福至心靈，竟然博得滿堂彩。

二十八、打鑼放炮娶新娘

嫁著讀書尪，三日無食亦輕鬆。

嫁著青盲尪，梳頭抹粉無彩工。

嫁著啞口尪，講話無聽氣死人。

嫁著允龜尪，睏著被底能隔空。

嫁著矮仔尪，燒香點火請別人。

嫁著打金尪，滿身頭殼金鑯鑯。

——台灣童謠‧擇夫（台語唸詞）

作者的雙親在昭和十三年（1938）八月十日結婚。在七十多年前，鹿港民風未開，但是雙方的父母親卻滿開通的，迎娶日是潤七月的日子（鬼月），迎娶的方式是用黑頭車隊（轎車）去九間厝施家迎親，打破了當時一般人家娶媳婦所慣用的交通工具——「坐花轎」，這就可以看到這一對新郎、新娘的「文明、開放」，打破傳統的思維作法。

嫁外省人 作者伯父丁瑤池早逝，伯母黃甘（前排右二、右一丁研英）將三個小孩拉把長大，三女少和（前排左一，左二施彩鷥），長子丁伯銘（後排左一，左二丁玉熙、左三丁玉書）在左營參加其長女小慧與女婿陳國式的結婚合照（提供：丁玉書，1950年代）

丁、辜兩府締結良緣

　　大正十二年（1923）某日，鹿港街頭萬人空巷，爭睹丁、辜兩府締結良緣的隊伍行列，現在在鹿港民俗文物館內還可以看到迎親的壯觀場面的模型圖。

　　丁玉書在《勿忘草・鹿港》書中，記載他參與此一婚禮的印象。

　　升國小二年級時，適逢瑞彬兄要迎娶辜顯榮翁長女敦治小姐。在那時由瑞甲兄（十歲）與我（九歲）擔當挑燈叔爺，訂作全新馬褂、瓜子帽及皮鞋，穿起來很好看，並請民俗專家王連生教導我們二人有關禮儀，如過戶檻不得踩踏，「雞蛋

湯」、「豬腳麵線」只能沾一口就要放下等等。

挑燈叔爺不好當

　　實際上，一面歡喜、一面懼懼（怕怕）之心，因男方是丁進士（壽泉）之孫兒為新郎，女方則大名鼎鼎的大和洋樓辜大人之大千金，迎娶大方無比，行列長龍繞大街小巷，坐的是三名挑夫抬的轎子，時間坐一久，在小轎內一轉身，轎夫就大聲制止，趕緊呼「連生啊！連生啊！」，連生隨著來到轎邊安慰我們這兩個小孩要忍耐、少動。

迎娶隊伍到大和樓洋

　　迎娶隊伍到了大和洋樓，對方招待人員請我們出轎，進入洋房大廳；另一方面，押檻人員雙方點交每檻禮品。我們被請入大廳上桌，第一次雞蛋湯端出來，依照王連生所指導，舉筷仔將雞蛋剪破一粒，喝一點甜湯，筷子就放原位，接待人員收起來，第二次捧豬腳麵線來，亦吃一點點麵線及喝一點湯，又被收去。

　　新娘家做伴嫁舊爺即六舍（偉甫兄）、七舍（京生兄），一個六歲，一個五歲，要挑燈（宮燈），且拿著不離地，旁邊有人幫忙，在後樓神明廳上與我們二人會合，這時新娘坐在廳堂中，我們四人圍著新娘繞了圈後先下樓，坐原先坐來的轎子，照著原來之路程再繞街回家。

婚禮上的祝福

　　作者女兒丁經芸的婚期，早在民國八十九年十二月二十八日已由男方擇好「吉日」下聘，然後雙雙出國讀書；九十二年五月下旬迎娶，但嚴重急性呼吸道症候群（SARS）疫情在五月間全島蔓延，政府呼籲民眾，少去公共場所聚會，以免被「煞到」，男方請客的喜帖原先早已印好，喜宴地點選擇在彰化市著名餐館舉行。政令一出，男方怕賀賓不敢上門道喜，只好重印喜帖，宴客地點改在秀水自宅別墅的庭院草坪上舉行，以「露天」辦桌方式「避煞」，果然「策略」成功，當年的彰化縣長翁金珠也專程前來到賀。

　　當晚作者一家人來到男方喜宴場地，人聲喧騰，政要名

王府娶媳婦　彰化縣秀水鄉望族王復儀娶媳婦（丁經芸），按傳統方式媳婦娶進門後闔府合照（提供：王志峯）

流，紛紛前來祝賀，可見男方在當地上人脈充沛，不因「煞神」光顧而有「禮到人不到」的情形發生。「露天喜宴」，在「國樂團」吹奏「花好月圓」的樂聲中上菜，來賓賀辭，男主婚人致謝辭後，邀請作者致辭，依稀還記得當晚說了下列一段祝賀話：

各位鄉親好友，大家晚安！

　　真誠的感謝各位長輩今晚撥冗參加王志峯與丁經芸的婚禮。印度詩人泰戈爾（Rabindranath Tagore）曾說過一句話：「父母是弓，兒女是箭。」兒女就像父母手中不得不發的弦上箭，今天這隻「愛情的箭」終於奔向自己尋找到的好歸宿，做父母親的我們，縱使有萬般的不捨，終究必須在此時此刻鬆手目送女兒大步邁向人生最重要的快樂旅程。冀望這一對在異國認識而結合的佳偶，能在未來人生大道上一切平安與幸福。

　　今天雖然迎親的地點在彰化的全台大飯店，而沒有選擇在我們的老家——鹿港小鎮舉行迎親儀式，但我與我的內人，在祝福這對新人百年之好的吉日良辰裡，特別要提到我們鹿港老家廳堂上掛著出自《易經》書中的一塊匾額：「積善餘慶」這句名言，就當做我們父母親送給這對新人最好的禮物，也作為這對新人以後在社會上為人、處事的座右銘。

　　今晚這對新人，能在這麼隆重、莊嚴、熱鬧的場地舉行這麼盛大的結婚喜宴與眾多前來祝賀的貴賓蒞臨，這些加諸於在你們身上的榮耀，是你們的公婆多年來「樂善好施」所做的善事的開花結果，是值得你們二位多多學習、觀摩的最好榜樣。

積善餘慶　丁家舊協源正廳，掛著由書畫名家施壽伯（作者大姑丈）親撰的「積善餘慶」匾額，作為丁家後代子孫的行事準則（攝影：丁志達，1980年代）

　　感謝王志峯新郎，志願、樂意的承擔從今而後照顧我們女兒的責任，也懇託各位親朋好友，以後多多提攜這對新人。

　　祝福各位鄉親好友，健康！快樂！平安！謝謝大家。

男方主婚人致詞

　　民國九十三年九月十八日，作者主持兒子丁經岳的婚宴，因擔任主婚人關係，在台上講了一些話：

各位長輩、親戚、好友：大家午安！

　　真誠的感謝各位嘉賓在休假日還撥冗參加詹府與丁家兒女的婚禮喜宴。首先，我要感謝詹府親家與親家姆的捨得，在此時此刻鬆手目送自己的愛女交給了經岳，倆人共同到台東組成一個新家庭，我們兩家的父母親以及在座的親戚好友，共同的

詹府嫁女兒 桃園縣大園鄉旺族詹益郎嫁女兒（詹怡穎）與丁家人（丁經岳）聯姻的合照（提供：丁經岳）

祝福這一對新人，能在未來人生大道上一切平安與幸福。

我們的媳婦學法律的，他們二位是東吳大學法律系的班對，所以，我們這一家人，在以後的歲月裡，是不容易被欺負的家庭，但是會不會產生內鬥也值得觀察。

民國九十年，個人因工作的關係，曾帶著內人在上海住了一段時間，在假日裡，我們到周莊一遊，我發現在每家民宅的廳堂上，看不到名家的字畫或骨董，但卻在供桌上看見家家戶戶都擺放著一個「花瓶」和一面「鏡子」。我問了當地人，爲什麼要有這兩樣物品擺設呢？他們說：「瓶」、「鏡」正代表人活在世上，無非是要追求「平靜」的生活。

今日我特別將二件有紀念意義的禮物送給這對新人，丁家大房祖傳的一個「花瓶」，和我的母親送給我的一面「銅鏡」，這是她當年嫁到丁家時帶來的嫁妝，期望這對新人在婚

瓶鏡 花瓶與銅鏡兩件物品合而爲一，取「平靜」生活的祝福，有家和萬事興的寓意（攝影：丁志達）

後的未來歲月裡，每天過著「平靜」的日子，也祝福各位長輩、親戚、好友，平安！健康！快樂！

一首詩的故事

昭和五年（1930），作者的堂伯父丁瑞鈇就讀國立東京商科大學三年級，返台省親時，來到了基隆顏家聚餐兼相親，他只是遠遠望著顏梅小姐。結婚後，顏梅女士說出當時對他的感覺：「第一印象是大胖子，胖得那套黑色制服差不多要裂開來了，其他都不曉得了。」

辜顯榮先生以媒人的身分，參加昭和六年（1931）四月八日丁瑞鈇與顏梅在台北台灣神社（圓山大飯店）舉行婚禮。日據時期，台灣新文化運動的思想啓蒙者，也是跨越新舊文學的

　　台灣作家陳虛谷（和美鎮默園爲其故居）是丁瑞鉄的姐夫，他
寫了一首「呈新郎」的詩作，打趣新婚的新郎。

　　　準備萬千心上語，兩人共話到天光。新郎卻怕人偷聽，不
許親疏睡隔房。

　　　生活平時有正規，早眠早起未曾遲。一時破例人爭怪，何
事今朝睡起遲。

　　　今宵有客到吾家，吩咐梳妝著意些。兩朵紅春嫌不雅，替
卿親插薔薇花。

　　　莫怪丁郎喜愈狂，未親女性太多年。圖圖一任人嘲笑，夜
夜關門早去眠。

　　　學力超群眾所知，一橋畢業亦何奇。結婚就職三重奏，正
是人生得意時。

琴瑟和鳴　丁家有女初長成（提供：王
志峯、丁經芸，2003）

鸞鳳和鳴　男大當婚，女大當嫁（提
供：詹宜穎、丁經岳，2004）

二十九、繁文縟節古喪禮

> 兒子，在土裡洗澡；父親，在土裡流汗；爺爺，在土裡埋葬。
>
> ——人生三部曲・大陸詩人臧克家

　　民國三十七年農曆十二月廿七日，作者的祖父過世，再過四天就是除夕。按照習俗，如果不在年前出殯，那就要一直停柩到開春後擇日才能埋葬，要花「很多的錢」，這對作者的父親真有其難言的苦衷，因為其兄長早已過世，留下大嫂及三位年幼子女，無力分擔其喪葬費用，而他本人又要養家，每月薪資僅新台幣兩百多元，家無餘糧，顧前思後，只好在除夕前出殯，幸好外公給了一個大的奠儀（白包），大舅（施心田）送來了一大布袋的白米與奠儀，再加上親朋、好友、公所同事們致送的小小白包（那年頭大家都窮，意思、意思），終於讓作者的爺爺在年前入土為安，年後再來築墳，省了一大筆的喪葬花費。

施家三少年　施心田（中，鹿港元大寶來證券地主）、施秋山（右，海埔國小老師）、施焜山（中部X光科名醫）為作者母親娘家的兄弟，年少雄姿英發（提供：丁志申）

借人死的習俗

按照習俗，一個旅居他鄉的人，在病情進入彌留時，人們反而願意借地供其嚥下最後一口氣，這種觀念乃因人生必然有幸與不幸兩件事，而「死」是人生中的最大不幸，借人死，可以減少家中的不幸，而且死者隨身所帶的福份，也會在死亡之後留下來；反之，「生」乃人生的最大幸運，讓人在家中生產，家中的福份會被出生嬰兒沾去，所以，借人生，乃是一大禁忌，借人死，則無忌諱。

街葬儀式 鹿港人因參加志願軍或被徵召到南洋服役，戰死後骨灰歸鄉，在鹿港舉行隆重的街葬儀式。台灣總督、台中州知事弔祭花籃擺在會場兩側，莊嚴隆重（提供：丁玉書）

嚴制慈制

　　往昔，喪家在服喪期間所使用物品的顏色都要用白色。用白紙為帖，報訃文稱「報白」，並在門上貼上一條白紙，如父喪，在白紙上寫「嚴制」，貼於左側門；母喪，則寫「慈制」，貼於右側門。接著還要在門前擺上一張桌子，桌上放一個香爐，香爐兩旁點燃白蠟燭，來弔喪的人士，首先要對香爐叩頭弔祭（焚香二支，喪事皆如此），然後才能進入屋內安慰喪家節哀順變。

哭路頭的女兒

出嫁女兒聽到報喪噩耗，就要立刻趕回娘家奔喪。在尚未進入娘家門前的路（巷）口，就必須把頭髮扯散，然後放聲大哭，口中念念有詞，俗稱「哭路頭」。會哭的人，由於心中悲痛的真摯，音調甚哀悽，懷念著父（母）親過去的養育之恩，並哭訴著內心的哀痛與悲悽，及往後日子的茫然，常能讓左鄰右舍的人聞之亦為之心酸，而陪同落淚，大有人在。

娘兒（台語讀「禮」）！娘兒！我今返來尋無娘兒，無疑娘兒與我分開去！（白話文：母親啊！母親啊！我今天回娘家已找不到母親，沒有想到母親離我而去。）

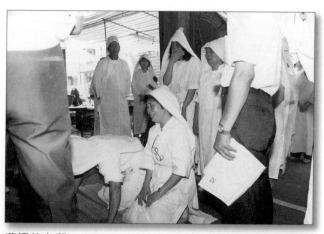

悲慟的女兒　母喪後，出嫁女兒與娘家兄弟就會愈走愈遠，因而女兒在母喪出殯時的哀慟是自然流露出來的，以後「娘家」不是我的家了，因為娘家的「媳婦熬成婆」了（提供：丁志達，1989）

向時返來，有娘兒笑頭笑面來對我有話有句在相見：今若返來，無娘給（台語唸乎）子思念苦劬過！（白話文：以前回娘家，母親您總是面帶笑容與我話家常；而今天回家，已經沒有母親了，讓做女兒的我，哀痛逾恆。）

出嫁女兒跪在地上哭泣後，就一直趴到鋪子（放遺體處）邊，喪家也要有人陪著她哭。

續弦的儀式

依習俗，在妻子當天出殯喪禮中，其未亡人（丈夫）不得接近棺材，要一直等到遺族、外戚（妻子娘家的人）、親友都祭拜後，丈夫才能接近靈柩，稱為「過番」。丈夫身上背著一個小包袱，左腋挾著一把雨傘，腳穿長統襪，做出一種要到外地旅行的模樣，先從妻子的棺木上跳過去，然後假裝外出，預防他日要再婚時，妻子的靈魂不會來干擾喜事。所以有句諺語說：「死人直」，意思是指死人容易受騙。

同族扛棺材

鹿港街巷窄狹，路面崎嶇不平，在出殯時其扛（抬）棺木者，通常都是由同宗族人代勞，他們並不接受金錢的報酬，但是先要送給每人白布一條。出殯後，則須準備一頓豐盛的「三角肉」招待他們。

據說古早人家，家有喜慶時，請客所切割的豬肉不拘不小，皆切四方形，但在喪祭中，豬肉切割為三角形，以是分

同宗抬棺習俗　作者母親過世出殯時，依鹿港習俗，由同宗「丁姓」晚輩充當抬棺夫。棺木重，又要爬坡，沒有好的臂力、腰力是無法勝任此一「善舉」的（提供：丁志達，1989）

別，但現在已經沒有這種習俗了，正如由同宗族人抬棺木入葬也已消失，代之而起的是委託鼓吹店（葬儀社）代僱工抬棺，按勞計酬，少了「人情味」，多了「市儈味」（敲竹槓）。

排路祭

　　凡喪家親戚、故舊或曾受恩於死者，出殯當日為答謝其生前恩德，於送喪行列經過處都設有香案，喪家子孫跪地叩謝，並以白布（毛巾）為答謝禮。往昔有些羅漢腳（流浪漢），每當有富豪之家辦喪事時，他們以討賞為目的，在路旁擺上簡單的供品，而向喪家索取謝金，有的甚至在討賞一次謝金後，再快步繞道出殯行列的前頭，如法再炮製一番，再次討賞。

路祭風俗 民國七十八年，作者母親的出殯隊伍經過坤元診所門前，鹿港名醫林坤元站在香案旁接受喪家子孫跪拜禮，司儀為黃奕鎮校長（提供：丁志達，1989）

一則風水的故事

鹿港丁家為士紳世家，來台開基祖丁樸實去世時，因有回教血統（後裔），家人以草蓆包裹遺體，以薄棺埋葬之。當時，有一位地理師曾看過該地的風水，因墓地附近有顆榕樹，將此墓地視為「傘穴」，亦斷言能助丁家之運勢。

此消息一經傳出，當地居民每年都會主動到丁家來要些好風水庇佑家族的費用。後來因要不到「保護費」而將這顆大樹砍掉。從此，丁家的家運就走下坡，但當地居民也不得安寧，人丁不旺，鄉人只好請教地理師，才知到當地本為「涼傘穴」，其形式恰似魁星踢斗樣，需要一顆大樹方可成風水寶

地，庇佑當地居民，大樹被砍掉後，等於當地風水被破壞，導致人口不旺，他們只好自費再種一顆大樹來解厄，從此以後，人丁才又旺起來。民國八十二年，丁家人啓攢拾骸，發現已有一百多年的骨骸，色澤與外形仍相當完整，乃拜好風水之賜。

丁克家嫡配黃巧娘墳墓（伸港鄉）

台灣人對死亡的觀念，相信靈魂不滅，認為人乃是魂與魄的結合，在死亡時，七魄回歸大地而消失，三魂則一在墳墓，一在神主牌，一往地獄間。留在家中的靈魂（神主牌）保佑子孫昌隆興盛（提供：丁玉書，1950年代）

第七篇

飲食文化

三十八 鄉土小吃古早味

除了台南不算，別的新開商埠，只不過剛剛爬上「一世長者知居處」的地位而已，而鹿港則早已超過了「三世長者知服食」的階段了。

——〈懷鹿港的茶點〉·鹿港作家洪炎秋

　　到鹿港遊玩的人，不是陶醉在這裡特有的古意之中，就是會被五花十色、千奇百怪的各類小吃（點心）所驚羨！西方俚語：「You are what you eat」，就是俗話所說的：「富貴三代，方知飲食。」說明了飲食與生活體驗、經歷養成息息相關。

　　品牌是名店的標誌，是資產也是企業經營的文化軌跡與企業的故事。著名的鹿港小吃，包括魷魚羹、肉丸、麵線糊、肉包、芋丸、陽春麵、蝦丸、扁食、燕丸、蚵仔煎、湯圓、生炒五味等，都是經過時間考驗留下的美食。三十、四十年的小吃鋪子不算老，傳承三代的百年老店才叫精采。

潤餅皮製作 吃潤餅，一般地方多在農曆十二月十六日尾牙時才吃，唯獨鹿港人則在清明節當日吃（攝影：丁志達，1980年代）

鹿港刀煮師

　　鹿港人之所以有如此好的「口福」，溯其原因，當然與其早期的港口發展有連帶關係。商業的繁榮連帶刺激了飲食業的發展。當時鹿港的商業集團「八郊」，每個「郊」，其地位相當於今日的各個商業同業公會。這些郊商大都是從唐山過來的商旅，他們或許不習慣此地的飲食，所以從內地就隨身帶著一、二位專門的廚師（刀煮師）來到鹿港替他準備三餐與招待客戶的飲宴。這些廚師每天在油煙中討生活時，想要如何博得老闆的讚許，就必須在刀工下不斷「創新」新口味與食材，以嫻熟的手藝，將一種菜類、魚類調理出好幾十種不同的菜餚出來，味道不同，顏色互異，令人歎為觀止。

在鹿港港口淤塞後，八郊沒落，這些當年富商的廚師，紛紛流落在市井街頭中，為另謀生活，有人開市擺攤，有人沿路叫賣，富商的飲食菜單，漸漸形成了「平民化」的小吃攤。

三番仔的錦魯麵

據說辜振甫家族當年家庭宴客，都會找三番仔（日據時代因所裝的電話號碼為三號而得名），而其招牌菜單中「錦魯麵」都會被選入菜單之列。

錦魯麵，顧名思義，即是多種材料煮成的麵食。煮麵的要點是一次要用三個鍋，一裝水，一燙麵，一放骨仔湯。每一碗錦魯麵都要現做，口感才會好吃（絕對不能先做好放著等客人上門）。

肉丸好好吃 早年鹿港小攤販是沿街叫賣，鹿港人通常在路邊買來一碗肉丸就地蹲著吃，好不好吃看臉部表情就知道（提供：丁玉書，1950年代）

　　錦魯麵的主要材料是肉炸、豬肝、花枝、魷魚、魚板、冬筍、香菇、蝦仁、干貝、荸薺、高麗菜、肉絲等，其工序是，麵燙好後放入碗裡，再舀一匙的骨仔湯放入另一鍋中，將配料放入湯裡煮，加入一顆蛋花，再以地瓜粉勾芡，將勾芡好的湯舀入麵中，呈現六、七種顏色，既漂亮又美味，讓人胃口大開，吃之前加點傳統烏醋，滋味更加鮮美。

鹿港麵線糊

　　麵線糊早年傳自泉州地區。鹿港麵線糊的配料特色是不放大腸或蚵仔的，而是用豬骨熬煮的高湯，再使用瘦豬肉作為肉羹，加上蝦米、雞蛋、蔥頭等材料，在烹煮時，手工麵線一次下鍋，再來回不停地攪拌，為其特色。識途老馬的饕客，都是

泉州麵線糊招牌　走在泉州各鄉鎮，都可看到賣麵線糊的店家，印證了鹿港人喜歡吃麵線糊的源流來自於泉州人的飲食習慣（攝影：丁志達，2013）

在地人為主，還有的是返鄉探親的旅人，來找回童年記憶中的小吃口味。

作者在就讀鹿港國小時，從三年級（民國四十三年）起，學校規定要上整天的課，但學生中午都得回家吃午飯（除了當值日生要由家人送便當來外），我在家吃過中餐後，按慣例母親會給我一塊半，其中一塊錢是要我先到市場邊買檳榔回家給她，然後再去學校，雖然作者剛吃過午飯，但這時候的小孩子食量大、成長快，所以，我通常會先到王罔麵線糊攤（原址因蓋新市場而消失）買一碗三毛錢（小碗）的麵線糊，拌上其手工製作的辣椒醬、烏醋及香菜，色、香、味俱美，這種用零用金吃一碗麵線糊的習慣一直到國小畢業才停止。

鹿港的炸粿

在鹿港市場未改建前的飲食攤位，有一攤位是賣炸粿的，大家多以他的名字「醇鳳」稱呼其店名，其中以蚵仔炸粿與芋粿最為有名。

蚵仔炸粿的外皮，是用米和豆子研磨做成，油炸的時候外皮酥酥的，起鍋後濾乾油水，皮酥、味鮮，再淋上醬料，其味道奇佳無比；芋粿的做法，則是將芋仔與麵粉經過炊熟攪拌，然後拿去油炸，味道與一般直接將芋仔敷上麵粉油炸的風味不同。前副總統謝東閔每次到鹿港拜訪其老友丁瑞彬時，一定要吃到醇鳳的炸粿才肯離開鹿港。

作者的嬸母（黃甘）的姊姊家開了一家炸粿店，有時候嬸母會過去幫忙打雜，每次回來的時候，她都會帶一大包「炸

酥」（浮在油鍋上外皮脫落的麵粉渣）給作者當零嘴吃，這香又脆的「炸酥」是市面上吃不到的，就像現在煮飯用電鍋，就吃不到古早用大灶煮飯有香香脆脆口感的「鍋粑」可吃。

圍爐火鍋的故事

作者小時候，過年除夕夜，家裡都會吃到光華亭老闆（三番仔）贈送的圍爐火鍋（燒木炭的火鍋），味鮮、食材又「豐沛」，因為每年老闆有關店裡的稅務問題，經常會請教我的父親如何申報與節稅，「感恩」的方式，就是用他最拿手的手藝，讓作者的家人在圍爐吃年夜飯時，多一道不一樣口味的免費「好料理」可品嚐。

燒肉粽　丁家舊協源的老屋中庭牆面，牆上掛著一串的粽子（右），門扉上的門聯，斑剝的兩扇木門，歲月留下痕跡的暗紅色磚塊與台階，配上綠色的盆景，勾起了多少丁家人的相思與回憶，如今人去屋空，踩著那熟悉的足跡，親人在哪裡？庭院深深深幾許，遊子歸鄉向誰問？（攝影：丁志達，1980年代）

　　鹿港小鎮歷經滄海又桑田的演變，遊客必須慢慢走、慢慢看才能逐漸有所領略，一點也急不得。好好的吃每一頓飯，盡興的品味每一道小吃，在旅途中讓自己邂逅幾個生命中的第一次，也用食物將小城回憶串聯起來……，那就不虛此行了。

香Q美味的鹿港小吃　鹿港街市到處可見的飲食攤，賣著各種家鄉風味的小吃，肉粽（30元）、芋丸（20元），招牌上標榜著「香Q美味」、「好吃又經濟」，遊客不買來嚐一嚐解飢才怪（攝影：丁志達，2014）

三十一、伴手禮糕餅最夯

醒脾兩盒豬油，爽口三包鳳眼糕；一樣玉珍新與舊，各將牌匾競抬高。

——〈鹿江竹枝詞〉·鹿港詩人莊太岳

民國四十年七月，作者就讀鹿港國小，每年四月四日兒童節當天，校方就會發一份糕餅當禮物，在我們的那個年代，因為窮，所以這份糕餅是小孩子最期待的零嘴，物換星移，現在兒童節，小朋友都會拿到一份精緻的文具（玩具），從「吃」到「玩」，這就是經濟發展的歷程見證，但是，民國一〇二年，苗栗縣苑裡鎮公所送現金一百元當兒童節禮物，實用但已失去了過節的意義。

傳統茶點的特色

鹿港傳統糕餅聞名遐邇，種類繁多，主要有糕、酥、餅、米粩四類，其最膾炙人口，受到普遍饕客愛好的，要算是鳳眼

小學畢業照　鹿港國小第十二屆（民國四十六年）乙班畢業生（後排左四為作者）合照（提供：丁志達，1957）

糕、雪片糕、豬油 、綠豆糕、石花糕、牛舌餅、冬瓜糕、狀元糕、彩頭酥（龍睛酥）、麥芽酥、龍鬚糖、蓮花酥等數十種，這些糕餅見證鹿港昔日的繁華與富裕，並帶動了鹿港糕餅業茶點的發展。

　　記得小時候，每一次外婆家有「拜拜」，母親總是順路會先到玉珍齋、朝和餅鋪買一些各類糕餅帶回娘家作為祭祀用的禮品。

入口即化鳳眼糕

　　鳳眼糕的原料十分簡單，僅以糯米粉（米磨細）加入細糖粉（埋入土中四十天，直到細糖長出纖維狀的細糖粉）的黏性，再加工炒製，並攪入祖傳的配料祕方製成，由於鳳眼糕

伴手禮盒樣式 在講究人情多禮的老一輩鹿港人,「名產」常常是用來作為「伴手禮」,禮輕義重,笑納為幸,這就是和諧社會的根基(攝影:丁志達)

裡一滴油也沒有,因此含在嘴裡,入口即化,芳香清甜。每塊糕餅長約四公分、寬三公分、兩端尖削,當中突出,以形狀如「鳳眼」而得名,是過去文人雅士品茗、吟詩必備的糕點。

雪片糕製作花功夫

雪片糕的材料與鳳眼糕大致差不多,只是成品不一樣。糕長約六公分、寬約二點五公分,薄薄的一片一片的貼在一起,吃的時候用手輕輕一撕即可分開,但是不會斷裂,也不會黏在一起,柔軟不膩,可稱茶點的精品。

豬油粩口感多樣

豬油粩，顧名思義，原料是少不了豬油和麵粉，產品分為米粩、麻粩、花生粩、杏仁粩等多樣產品，口感層次分明，極為特殊。它是用配好材料的芋頭粉、糯米粉混合搓揉發酵後做成胚胎，放入豬油鍋中炸透後，呈現中間蓬鬆的空心，撈起來塗上豬油和飴糖調製的稠狀糖漿，然後在它的表面裹上一層的炒米花，稱為「豬油粩」（米粩），呈扁方形，大小接近一個拳頭；黏上芝麻的叫「麻粩」，呈細長形，頗似鼓槌；黏上花生粉的稱「花生粩」。這三種甜點，吃起來外層香甜，裡面鬆脆可口，老少咸宜，但一口咬下去，碎屑就掉落滿身。傳統吃法，將「豬油粩」放在碗中壓碎，再泡熱茶，別有一番滋味在「舌尖」。

綠豆糕如象棋粒

綠豆糕是用麵粉蒸熟，加入綠豆粉及砂糖，用扁圓形模具壓鑄而成型，加花生粉稱「花生糕」，加杏仁粉稱「杏仁糕」，各商家均有其獨家祕方調配，口味各具特色。打開盒蓋，一粒粒的排列在紙盒內（縱六排，橫五排），有如象棋盤列陣，吃下一個，口感與香氣，久久不散。

小點心口酥餅

　　口酥餅（「一口酥餅」）這款小點心是用麵粉加糖配合其他佐料製作而成的，因台灣早期農村是不種麥子的，因此在麵粉奇貨可居的年代，口酥餅可說是當時富貴人家的宴客珍饌，也是富有人家吃鴉片煙之餘，最喜愛吃的一道茶點。

　　口酥餅做法是先將麵粉炊熟，然後依照一斤麵粉加入半斤糖粉（用貢白研製）和加上一個蛋、半斤豬油調勻後，放入印餅的模型成型，再拿去煎烤。這種餅的特點是既香又甜，初入口時，可能尚無法感覺出它的味道，但越嚼其味道越香濃。

麵茶粉　古早味的點心麵茶，到了夜晚，聽到茶壺噴水發出的汽笛聲，就知道賣麵茶的阿伯來了，在寒冷的冬天，飢腸轆轆，買一碗熱騰騰的麵茶來吃，香味撲鼻，全身發熱真過癮（攝影：丁志達，2010）

香脆牛舌餅

牛舌餅因為外型酷似牛的舌頭而得名。據說，牛舌餅是當年荷蘭人留傳下來，因此又叫「番玉餅」、「番薯餅」。以前牛舌餅所用的餡，是以糖精（黑糖煉化成稠狀），外裹上麵粉，放在平底鍋煎成，有預防長白頭髮之效。現在牛舌餅原料，則大多改用麥芽糖煎成，皮酥、餡軟且爽口，即使冷卻再吃，還是非常香脆，它與宜蘭硬脆的牛舌餅，在口感上截然不同。

兒時生活在鹿港老宅中，看到長輩們午後在庭院中，沏上一壺好茶，用精巧茶盤裝上幾塊茶點，抽著水煙，娓娓清談，恬適寧靜，這種生活的情趣，是讓人無法忘懷的。鹿港作家洪炎秋說：「端看一地方茶點的精粗，就可以看出該地文化的分野。」誠哉斯言。

百年老鋪風華

2003年，中華汽車以鹿港玉珍齋為電視廣告主題，強調「老店要維持豐富的生命力，就如同汽車改款一樣，要具備不斷創新的精神才能成功。」道盡了百年老店屹立不搖的真諦。

玉珍齋的創始人黃錦為經營布莊的進出口商，為了突顯黃家獨特的品味風雅，家中特地從泉州聘請手藝精湛的糕餅師傅鄭槌，製作各式美味的茶食糕點，每每與朋友相聚，道道茶點就成為了茶餘飯後的助興品，由於口感細緻、味道精美，備受讚譽，朋友便慫恿黃錦乾脆開一家專賣糕點的餅鋪，於是清

光緒三年（1877年）玉珍齋就開始了製餅事業，著名的古早味糕點有鳳眼糕（日據時代曾得過日本博覽會金牌獎，發明人鄭槌）、綠豆糕、豬油糙等茶點。爾後，鄭槌籌備了資金，與黃家分道揚鑣，另外開設了「鄭玉珍」（創辦人的第三代鄭啓東為作者在環宇電子工作的同事）、「鄭興珍」，此為鹿港最早的三家糕餅鋪。

百年飄香喜餅鋪

　　作者在訂婚時，母親就向「振味珍」訂了喜餅一百二十盒，以及六十六個大喜餅為聘禮，內人的家鄉親友（福興鄉三汴村）吃過後讚不絕口，所以「振味珍」是一家老鹿港人都知曉、有口碑的「喜餅店」。

　　作者娶媳婦時，其娘家特別指定的伴手禮，要送鹿港的「彩頭酥」，同時還將店址與店名寫下交給媒婆去處理，怕買錯別家的產品。

彩絲帶的故事

　　作者小時候，每年中秋節前半個月，在中山路上的幾家糕餅店，為了促銷「月餅」買氣，店門口總會布置著一盞盞霓虹燈，上面有「小白兔搗臼」與「嫦娥奔月」為故事的圖案。夜晚，昏暗的街燈下，閃閃發亮，蔚為奇觀，而月餅盒內總會放些五光十色的細條彩帶為襯底，在中秋節過後，小朋友拿來放在鉛筆盒內，向同學炫耀的「裝飾品」。

三十二、來去鹿港吃海鮮

> 北頭一帶盡漁家，海上生涯在討鯊。今歲漁冬偏不美，共
> 來捕蟹掘沙蝦。
>
> ——〈鹿江竹枝詞〉·鹿港詩人莊太岳

　　戒嚴時期的上世紀六〇年代，國人要出國是很不簡單的。
有一年，作者寄居在台北堂兄丁伯銘家中，因他是外貿協會的
設計師，經常出國籌劃參展。有一回，他要到洛杉磯，我們的
堂伯父（丁瑞彬）托親戚從鹿港帶了一些要給他在美國工作的
兒子（丁一天）的鹿港土產，其中有一大盒的蝦猴。作者的堂
兄是經常出國的人，知道美國海關是不會讓這鮮味的蝦猴帶入
境的。所以堂兄出國那幾天，作者天天大快朵頤，餐餐有蝦猴
可「配飯」。堂兄返國後，打電話給堂伯父，說他托帶的東西
都送到他兒子的手邊，唯有蝦猴這一盒卻被海關沒收了，這就
是「善意的謊言」。

　　台諺說：「食是福，做是祿。」意思是說，求食是生物的本
能，勞動為天賦的工作，人能努力加餐，努力生產，樂於食，健
以動，就是「福」與「祿」的生活，也是「幸福」的生活。

紅蟳肥，花鮡熟

濱海的鹿港，其海鮮大大有名，是理所當然的事。小鎮上的海鮮飲食店，早期以「新興」、「新海鮮」、「新鹿港」、「漢玉」和「津津」食堂最有名。

「紅蟳肥，花鮡熟，開懷暢飲，不醉不歸。」是黃杰將軍在擔任台灣省政府主席時來鹿港視察，題贈給當時為他掌廚的鹿港聚英樓老闆（刀煮師）施天興的詞句，可惜這家餐廳現已歇業，原址已改為和平旅社。蔣經國總統先後三次巡視鹿港地方建設，其中兩次都在新海鮮餐廳用餐，對餐廳師傅的烹調手藝，讚不絕口。

餐廳廣告 新海鮮大餐廳為贊助鹿港民俗活動宣傳，在民國七十年六月一日的《民聲日報》刊登廣告，新鮮看得到（攝影：丁志達，1981）

紅蟳米糕上菜了

周璽撰的《彰化縣志》記載:「蟳,膏多於肉曰紅蟳,無膏曰菜蟳。大者長尺餘,隨大潮退,殼一蛻一長。其殼最堅,生海邊泥塗中,螯無毛,故異於蟹。」

蟳,是捕魚人於夜晚提著燈籠從海口抓回來的。牠的外型似尖蟹,兩螯特別大且肥壯,宛如兩把巨鉗,殼為青褐色,通常吃法是煮熟後切片或切塊,蘸鎮江醋、夾上夠味的薑絲做佐料,味極鮮美。

畫家徐悲鴻說:「魚是我的命,螃蟹是我的冤家,見了冤家就不要命啦!」言簡意賅,直接命中要害,令人心領神會。

辦桌吃海鮮 鹿港人辦喜宴,滿桌都是當地海鮮料理,經濟實惠,賀客口福不淺(右一施連治,右二施彩鶯,左一丁經岳;提供:丁志申,1978)

肉嫩而美的花鮋

花鮋是生長在淡、鹹水之交界處的沙灘上，潛藏在泥洞裡，專吃微生物為生。牠的尾小而頭鰓大，嘴闊而肉厚，全身漆黑無鱗，上腹有一對鰭狀的足，能在水裡和沙灘上跳躍，此乃牠得名的由來。《彰化縣志》記載：「鮋魚，俗名花鮋，生海島泥塗中，善跳。身有白花點，長不盈尺，肉嫩而美。」

花鮋吃法，要事先將其養在清水中，讓牠吐盡胸中的髒物後才能應市。一般食客都喜歡清燉，加上枸杞及當歸片，是一道補身的藥膳食品，但塗上雞蛋、麵粉，用炸或烤來吃，蘸上辣椒油、番茄醬和薑絲等佐料，別具一番滋味。

滑嫩柔軟的西施舌

《彰化縣志》記載：「西施舌，殼綠黑色，形似小蚌而薄，其肉有舌最美，海錯之珍，次於江瑤柱（干貝）；但不宜多食。」牠也是一道佳餚。

西施舌經常是一頭微張，像是櫻桃小嘴，肉吐出來時，好像女孩子的舌頭，故被騷人墨客稱之為「西施舌」。牠的生命力極強，故不必養在水中，只需堆放在樹葉墊著的攤子上，即使在炎熱的夏天，也不會輕易的「香消玉殞」，而且可始終保有鮮味。

西施舌做法，多數用熱炒，勾一下芡，加上冬筍、辣椒、蒜頭，鏟作一盤，即是「生炒西施舌」；或用高湯汆西施舌

（去掉其肚腸），再伴以糖、醋、麻油、薑絲等佐料，其味道之鮮美，彷彿已脫離了人間煙火。

梁實秋的〈雅舍談吃〉一文中提到：「我第一次吃西施舌……，一大碗清湯，浮著一層尖尖的白色的東西，初不知為何物，主人曰：是乃西施舌，含在口中有滑嫩柔軟的感覺，嘗試之下果然名不虛傳。」

鄉土味的蚵仔煎

《彰化縣志》記載：「牡蠣，俗名為蠔，小者名珠，尤佳。鹹水結成礧礧。」《本草綱目》說：「附石而生，相連如房，一名蠣房。」

剝鮮蚵人家 蚵肉味美，是鹿港最負名氣的海產。因鹿港港口早已淤塞，沒有船隻進出，出產的蚵仔沒有油垢的味道，鮮蚵肉質，粒粒肥碩，飽滿結實，鮮美異常（攝影：丁志達，1980年代）

　　好吃的蚵仔原料就必須天生麗質，首要是新鮮，次要是肥美。牠的吃法百百種，除生吃、炸來吃（蚵仔酥）外，還有蚵仔煎、蚵仔麵線、蚵仔湯、蚵仔羹、蚵仔漬、蚵仔粥、蔭豉蚵、蚵仔卷、蚵貼（炸蚵包）等花樣，風味各異，卻無一不美。

冷盤蛤蜊好爽口

　　蛤蜊，是一道冷盤配酒的名菜，在鹿港的各家餐廳用餐，第一道上桌的多數是這道菜，尤其在夏天，經過冰涼過的蛤蜊，佐以啤酒，吃在嘴裡，特別舒暢，未曾嚐過這道佳餚的食客，真是不知個中滋味有多美妙，如果蛤蜊做湯再佐以薑絲，又是另一道風味菜餚。

獨特的沙蝦丸

　　蝦的吃法種類很多，鹿港商家最喜歡將牠做成蝦丸出售，其中用沙蝦做出來的蝦丸顏色相當亮眼，不需另添染色劑，而有股清香的味道。

　　金錢蝦餅，是將蝦肉剖殼後，再剁成泥漿狀，調入一些佐料，做成一片片薄薄的類似古錢的薄肉片，用滾油炸熟，起鍋後馬上進食，既酥且脆，真是色、香、味俱全的一道好菜。

一隻蝦猴配三碗糜

蝦猴，由於頭部像螻蛄（肚猴），尾部類似沙蝦而得名，一年有四次產卵期，分別在農曆三、五、七、九月。秋冬之際的母蝦猴最為甜美，每隻肥美的母蝦猴肚子裡都可見到黃澄澄的卵，直接嚐一口，蝦猴的鮮味在鹽的提味下，完全被引了出來，滋味堪稱一絕。

在鹿港中山路「玉珍齋」老店門前廊柱邊或天后宮前美食廣場，可以看到戴斗笠蹲著的小販，在竹籃上整齊排放著蜷曲鮮紅的母蝦猴在賣，在天后宮小吃攤賣的蝦猴酥，則都是清一色的公蝦猴，要嚐鮮，一定得去吃那用傳統海水醃製的母蝦猴，甘醇可口。它可是以前窮苦人家配飯的主菜，而有「一隻

論兩秤蝦猴　一隻蝦猴配三碗糜（粥），就是描述鹽漬的蝦猴非常鹹，十分下飯（攝影：丁志達，2010年代）

蝦猴配三碗糜（粥）」的諺語。不過，現在已變成老饕賞味的珍品，價格不菲，一般低收入戶還吃不起呢！

要吃烏魚不穿褲

鹿港作家葉榮鐘有一首「食烏魚」的小詩：「香味傳慈母，家廚那得虛；年年冬至近，麵線煮烏魚。」正說明吃烏魚是鹿港人的嗜好，因為當年烏魚物美價廉，早已成為庶民傳統的嗜好品，而有「要吃烏魚不穿褲」的俗諺流傳著。

作者北上工作後，那時我的母親每年總是會在烏魚盛產期間，寄來一大盒已煎炸好的「烏魚」，讓思鄉遊子嚐一嚐童年記憶中的美食，而要真正品嚐烏魚子的美味，則要等到過年返鄉吃年夜飯時，就有一盤切片的「烏魚子（以青蒜墊底）」，

烏魚子 烏魚子的吃法，一般是先用「燒酒」在烏魚子的兩面上擦拭，然後在「炭火」上慢慢翻烤，真的是「一家烤烏魚子，萬家聞香味。」（攝影：丁志達，2010）

擺在古早的「磁盤」上，古色古香，紅、綠、白對襯，至今仍然念念不忘這道「美食」與餐盤裝飾。而這道菜（烏魚子）也是鹿港人家吃年夜飯必備的一盤佳餚。

烤烏魚子的故事

在作者童年的歲月裡，腦海中印象最深刻的記憶，就是我的母親手藝很好，為了補貼家用，在農曆十二月裡，母親都在忙著替人做衣裳，通常要做工到半夜才得收工。由於車衣過程中，一定要不時的燙平布料，而舊式的燙熨斗是鐵製的，要燃燒木炭加熱，才能使衣服「稜角」定形。十二月，正是烏魚子上市的季節，母親偶爾在收工後，會用炭火烤著沾著高粱酒擦拭過的烏魚子來解飢，香味撲鼻，在睡夢中的小孩偶爾也會醒來，要一塊來吃，濃厚的海香味，在唇齒間流轉不去……。

吳隨意傢俱行辦桌
鹿港媽祖宮山門斜對面的民生路上的「吳隨意傢俱行」，聞名遐邇，民國八十六年負責人吳毓雄（左一）、丁少華夫婦（左二）娶媳婦，以鹿港海鮮宴客，讓賀客大快朵頤（提供：丁少華，1997）

附　錄

一、日據時代鹿港街略圖

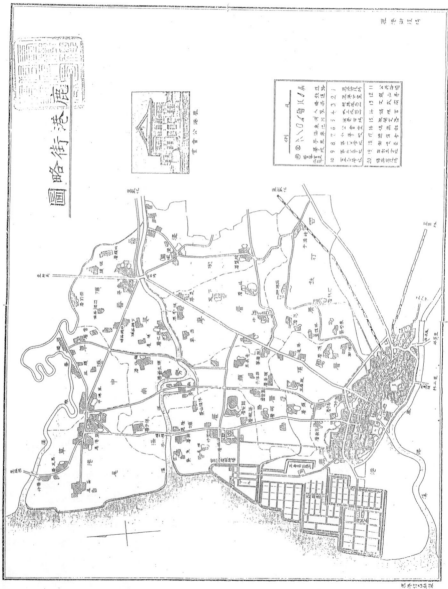

二、鹿港古蹟路線圖

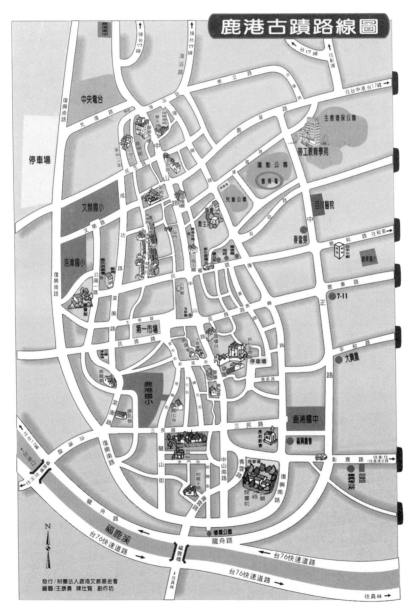

三、鹿港輕鬆遊

(一)旅遊服務中心

旅遊服務中心（鹿港鎮）	住址（鹿港鎮）	電話
南區旅遊服務中心	彰鹿路8段110號	04-7761739
北區旅遊服務中心	復興路488號	04-7841263
旅遊服務中心開放時間：過一至週日09：00～17：00 鹿港導覽地圖網址：http://www.lukang.gov.tw/content/index.aspx?Parser=1,8,48		

(二)觀光景點（南鹿港導覽）

觀光景點 （創建年代）	地址 （鹿港鎮）	備註
文祠（1806年） 文武廟（1811年） 武廟（1824年） 文開書院（1827年）	青雲路2號	縣定古蹟（寺廟） 文祠、武廟以及文開書院，三者形成連為一體的泉州風格的祠宇建築群，雖然相互毗臨，其興築歷史卻互有不同。 文祠為二進一院的建築，前方有一座水池（泮池），主祀文昌帝君，同祀倉頡先師、魁星爺；武廟主祀關聖帝君，配祀關平、周倉。 文開書院為三進二院的建築，主祀朱子，配祀海外八寓賢。 ※文武廟前附設停車場
楊橋公園／護安宮 （1875年）	新興街27號 ／復興南路73號	楊橋原為橫跨舊鹿港溪的一座木橋，後幾番重建為今日樣貌。有「楊橋踏月」美名，成為鹿港八景之一。

觀光景點 （創建年代）	地址 （鹿港鎮）	備註
龍山寺（1686年）	金門街81號	國定古蹟（寺廟） 龍山寺主祀觀世音菩薩，自福建省泉州府晉江縣安海龍山寺分香而來。 台灣清代佛寺中建築水準最高的作品，戲台內有八卦（鎮邪、平安）藻井，為台灣保存年代最早的作品。
地藏王廟（1815年）	力行街2號	縣定古蹟（寺廟） 二進一院的建築格局，廂廊有一塊嘉慶23年「重興敬義園捐題」碑。 主祀地藏王，被視為陰廟，廟宇屋簷低矮為其特色，更顯廟宇陰森的氣氛。
金門館（1805年）	金門街54號	縣定古蹟（寺廟） 主祀蘇府王爺，為金門移民及福建水師所祭祀的神祇，為二進一院建築格局，分別為三川殿及正殿，兩旁廂廊為昔日提供給弁丁（漕運的差役）住宿的空間。
摸乳巷	菜園路38、40號之間	鹿港著名防火巷，因其狹窄，僅容一人穿越，二人則必擦身才可通過，因此有摸乳巷之稱。
大將爺廟（1954年）	菜園路91號	它跟其他大眾爺廟不同的是該廟奉的主神為明代大將劉綎。
玉渠宮（1903年）	車圍巷1號	供奉田都元帥，戲神主司戲曲樂理，專屬陣頭「金雞銀狗」，是台灣特殊廟宇之一。 （第一市場小吃攤在此宮附近）
鳳山寺（1824年）	德興街26號	縣定古蹟（寺廟） 主祀廣澤尊王，木結構建築。三川殿內精緻的交趾陶，係泉州晉江「一經堂」蔡騰迎的作品，是台灣交趾陶保存年代最早的作品。

觀光景點 （創建年代）	地址 （鹿港鎮）	備註
興安宮（1684年）	興化巷64號	縣定古蹟（寺廟） 鹿港最早的媽祖廟。清康熙23年由福建省興化府移民攜帶媽祖香火來鹿港，於草仔市（現址）建廟，取名「興化安寧」、「興化平安」之意。
九曲巷（清朝）	金盛巷	鹿港古街道形成彎曲的小巷，係早期聚落發展時居民沿著河道興建屋舍而自然形成的巷弄。 鹿港古街道從泉州街、埔頭街、瑤林街、大有街（低厝仔、暗街仔）、金盛巷、杉行街、石廈街均屬於九曲巷的範圍。
不見天遺構（清末）	金盛巷37號前	一道懸空橫橋跨越巷子，連通十宜樓和另一邊的樓房，橋下為不見天遺址。
十宜樓（清末）	中山路149號後方（金盛巷37號）	歷史建築（其他） 十宜樓又稱「跑馬樓」，位於鹿港金盛巷內，是廈郊商行慶昌陳家的宅第。
意樓（清末）	中山路119號後段（金盛巷內十宜樓再往南走）	歷史建築（其他） 意樓位於慶昌（廈郊商號）大宅院內。意樓天井處有一個精緻的磚雕花窗，造型優美而富有古意。花窗上有葫蘆的造型，取「福祿」之意，另有古代錢幣的造型，象徵「富貴與財富」、圓形的花窗亦有「圓滿」之意。
玉珍齋（1932年）	民族路168號（中山路與民族路口）	歷史建築（其他） 新式角間街屋，可視為有三向立面。門口「玉珍齋」三字，為書法家陳百川（浚源）醫生所寫，門外的「玉珍齋」則由鄭鴻獻先生撰寫。 （第一市場小吃攤在此處附近）

觀光景點 （創建年代）	地址 （鹿港鎮）	備註
元昌行（約1785年）	中山路188號	歷史建築（其他） 元昌行是鹿港五福大街典型的長條街屋，立面為藝術裝飾風格，由於是鹿港染郊的商行之一，早年從事染布與布匹買賣行業，建築物外觀以泥塑鑲嵌「元昌行」店號及「棉布、染物」字樣，是鹿港店面招牌的表現方式。
丁家古厝（1825年）	中山路130/132/134號	縣定古蹟（宅第） 「三坎三進二院」的建築格局，內部設有樓井，作為房舍內部採光與通風之用，是鹿港街屋中保存格局完整的建築，在鬧區中隱藏著寧靜的四合院古宅第。
鹿港民俗文物館（1919年）	中山路152號（正門位於館前路）	大和洋樓為「中西式混合風格」的建築，本為辜顯榮的豪邸，後來捐出成立民俗文物館，展示一些頗具特色的文物收藏品。 洋樓外觀有歐洲文藝復興時期的圓柱，馬薩爾屋頂造型與兩旁的鐘樓，外牆牆面貼以昂貴的磁磚，西洋圓柱則以洗石子的方式呈現立體感。 ※鹿港民俗文物館前附設停車場
甕牆（謝宅）	中山路114號	由彰鹿路進入了鹿港，沿中山路前行，在和興派出所旁的巷道走進後院，即可看到左邊高牆上，露出用酒甕所砌成的牆垣，這就是著名的「謝宅甕牆」。

(三)觀光景點（北鹿港導覽）

觀光景點 （創建年代）	地址	備註
天后宮（1725年）	中山路430號	縣定古蹟（寺廟） 天后宮由惠安溪底名匠王益順重修為三進（前殿、正殿、後殿）二院的建築格局，供奉湄洲開基二媽神像，是鹿港香火最旺之廟宇。 ※天后宮前附設停車場及廣場前美食區
奉天宮（1968年）	中山路460號	鹿港天后宮香客大樓對面香火鼎盛的「奉天宮」，奉祀蘇府王爺。
福德祠（1987年重修）	三條巷1號	位於奉天宮之側。早期鹿港四方入境處皆設有福德祠，其中又以北頭福德祠最悠久，也是當前碩果僅存者，象徵著鹿港的興衰史。
日茂行（嘉慶年間）	泉州二街65號	縣定古蹟（宅第） 道光年間貿易鼎盛的鹿港船頭行遺址。 原為三進二院的建築格局，目前僅存門廳與正廳。前埕地面鋪滿泉州石板，廣場前有數顆大礦石，係做為昔時郊商往來的旗杆座及酬神演戲的戲台石。
新祖宮（1788年）	埔頭街96號	海峽兩岸唯一官廟（清朝乾隆皇帝敕建天后宮），採宮殿式建築，規格完備且氣象巍峨。 正殿奉祀媽祖，配祀千里眼、順風耳為戴官帽、穿官鞋的造型，相當特別。廟埕石碑併立，詳載清軍大將福康安平定林爽文叛變之事蹟。
南靖宮（1783年）	埔頭街72號	縣定古蹟（寺廟） 奉請原鄉（漳州府南靖鄉）的關聖帝君來鹿港作為主要祭祀的對象。

觀光景點（創建年代）	地址	備註
鹿港公會堂（1928年）	埔頭街74號	縣定古蹟（其他） 公會堂過去是廈郊會館與供奉蘇府王爺的萬春宮，後拆除興建公會堂。建築樑柱係採鋼筋混凝土建材，屋頂棟架為木架構搭配鋼衍架，上鋪水泥瓦。光復後改稱「中山堂」，曾經作為「老人會館」，修繕後已改稱「鹿港藝文館」。
隘門（1930年）	後車巷47號前（從埔頭街32與34號之間巷道進入）	縣定古蹟（關塞） 台灣僅存的市街隘門，門楣上書「門迎後車」。
石敢當	後車路17號對面	石敢當是鹿港少數現存的衝道辟邪物，它是一塊長條形的石碑，嵌於牆壁中央，有止煞招福的功用。
意和行（1880年）	瑤林街17號	為鹿港老街「船頭行」、「傳統街屋」代表作，空間格局之進堂落院相當完整，具地域歷史風貌。
友鹿軒（不確定時期）	瑤林街18號	是一棟長條型的街屋建築，內部設有二座樓井，店面上方的樓井旁設有木梯，可通往二樓，此空間是昔日店家的倉儲空間。神明廳上方另設一座樓井，有利於房屋內部的採光。
半邊井	瑤林街12號	半邊井位在一家題有「三槐挺秀」的王姓宅院外。小小一口井，一半提供鄰家掏水之用，在無形中發揮敦親睦鄰的功能。
鶴棲別墅（清光緒年間）	大有里後車巷8號	縣定古蹟（宅第） 本建築物為鹿港九曲巷內地方富商王煌故居，為花園洋樓，屬閩洋折衷樣式，此宅昔日為王氏經營金融信託業之場所，並以「三泰行」商號與大陸貿易，曾盛極一時。

觀光景點 （創建年代）	地址	備註
施進益古厝（1800年）	大有里大有街12號	縣定古蹟（宅第） 為鹿港傳統民居群之一部分，其建築格局、形式保存完整，特別是民居廳堂及樓井部分，且福州杉（樑）保存密集與完整，具地域建築風貌價值難得一見。
唵嘛呢叭彌吽碑（明代）	大有里	鹿港龍山寺遷建前原址在鹿仔港舊河道邊結廬為寺，舊地名「暗街仔」（大有里），巷內存有一塊「唵嘛呢叭彌吽」碑。
敬義園記念碑（1936年）	洛津里鹿港公園內	歷史建築（碑碣） 記念碑反映鹿港於清代中期商賈極盛時期，士紳義行善舉及當時社會狀況，表現地方互助公義之人文特色。
鹿港日式宿舍群（鹿港桂花巷藝術村）（昭和年間）	公園三路和公園一路交接處	鹿港日式宿舍有七棟，原為街役所職員、公學校教職員、警察人員的宿舍。近年來，鹿港鎮公將它重修為「鹿港桂花巷藝術村」，提供藝術家進駐，傳承鹿港傳統技藝場所。
玉珍齋（1932年）	民族路168號（中山路與民族路口）	歷史建築（其他） 玉珍齋為鹿港老街地標式建築。日據時期建築特色，並具日據時期市區改正之歷史見證。 （第一市場小吃在此處附近）
泉郊會館（1784年）	中山路233號	泉郊會館創立於清乾隆四十九年，清朝時期是鹿港的八郊之首，因貿易對象多為泉州商行，因此命名為泉郊。
蔡氏宗祠（1801年）	中山路256號	縣定古蹟（祠堂） 「蔡氏宗祠」明間採三關六扇門，隔心做工相當細緻，是本建築最為特色裝飾之一。

觀光景點 （創建年代）	地址	備註
鹿港街長宿舍（鹿港鎮史館）（1935年）	民權路160巷2號（位在鹿港鎮公所側）	歷史建築（其他） 昭和十年於鹿港街役場旁興建街長宿舍，作為街長的公館。 宿舍完工後，第二任街長吉田秀治郎是首位入住宿舍的街長。 宿舍為日式木構造建築，基座抬高，基腳多為磚柱或木柱，有助於通風，並可防止地板的潮濕與蛀蟲侵害。
三山國王廟（1737年）	中山路276號	縣定古蹟（寺廟） 為潮州客家人興建的廟宇。三川殿兩旁門板有精緻的浮雕，頂板為花鳥圖，身堵分別為「百忍堂」與「汾陽府」，深具民俗趣味。
城隍廟（1754年）	中山路366號	縣定古蹟（寺廟） 因鹿港在清代是台灣僅次於台南的第二大城市，故在鹿港大街的中段設立城隍廟。廟前現存有道光三十年的石獅一對，雕琢精緻。

古宅舊風貌　鹿港中山路丁家舊協源古宅，在家中遇有喜事、喪事，可將木門、木板牆拆卸，成為開放空間使用。這一年，丁家女兒出嫁，門上貼著「于歸」的紅對聯，顯得喜氣洋洋（攝影：丁志達，1980年代）

(四)博物館

觀光景點	地址	備註
鹿港民俗文物館	中山路152號	鹿港鎮中山路和興派出所走入巷內或走74巷左轉入館，或從丁家古宅後門走出去左方處。
媽祖文物館	中山路475號	鹿港天后宮香客大樓內
彰化區漁會漁業文化館	復興路485號	彰化區漁會大樓內
台灣玻璃館	鹿工南四路30號	彰濱工業區鹿港區
白蘭氏健康博物館	鹿工路18號	
緞帶王織帶文化園區	鹿工路15號	
秀傳醫學博物館	鹿工路6號	
許木農村文物紀念館	頭南里南勢巷57-18號	彰化縣第一座以農村文物為主題的農村文物紀念館。收藏農耕生產工具及農村生活用具。參觀時間：週一休館、週二至週五採預約制（只限團體）電話：04-7715196　　04-7713082#8141

參考資料：文化部文化資產局網站／鹿港導覽。整理：林專。

日據時代的檳榔籃 以前男方結婚前，準新郎就要提著內放檳榔的提籃，身上帶著香菸到親戚家發請客喜帖的一種禮儀（攝影：丁志達，2010）

四、鹿港許願好去處

里別	寺廟名稱	主祀神	建廟年代	類屬
大有里	威靈廟	大將爺	清康熙年間	閤港廟
	潤澤宮	李殿王／什三王爺	清雍正8年	角頭廟
	玉渠宮	田都元帥	清乾隆30年	角頭廟
	聖神廟	廣澤尊王（聖公宮）	清同治9年	角頭廟
	泰安宮	李府王爺	清道光30年	角頭廟
洛津里	南泉宮	普庵祖師	清康熙61年	角頭廟
	真如殿	玄天上帝	清乾隆45年	宗族廟
	南靖宮	伏魔大帝（關聖帝君）	清乾隆48年	人群廟
	新祖宮	天上聖母	清乾隆53年	閤港廟
順興里	三山國王廟	明山、巾山、獨山	清乾隆2年	人群廟
	城隍廟	城隍爺	清乾隆19年	閤港廟
	福靈宮	王芬大哥	清乾隆53年	角頭廟
	臨水宮	靈水夫人	未詳	角頭廟
	樹德堂	伽藍尊王	民國54年	宗族廟
	富美宮	蕭府王爺	民國64年	角頭廟
玉順里	天后宮	湄洲媽祖	明萬曆年間	閤港廟
	福德詞	福德正神（土地公）	清雍正年間	閤港廟
	地藏王壇	地藏王普薩	設壇未建廟	角頭廟
	關帝爺壇	關帝爺	設壇未建廟	角頭廟
	鳳朝宮	張、順、白夫人媽	清道光30年	角頭廟
新宮里	集英宮	北極大帝	清同治元年	角頭廟
	永安宮	薛府王爺、曾大老	清乾隆30年	角頭廟
	洽義堂	蘇府王爺	民國57年	角頭廟
景福里	景福宮	福德正神（土地公）	清雍正3年	角頭廟
	景靈宮	蘇府二王爺	清道光9年	角頭廟
	護福宮	李府王爺	民國45年	角頭廟

里別	寺廟名稱	主祀神	建廟年代	類屬
泰興里	賜福宮	文安尊王、武安尊王	清嘉慶25年	角頭廟
	復興宮	韋府王爺	民國70年	角頭廟
長興里	興安宮	興化媽祖	清康熙23年	人群廟
	鎮安宮	李府王爺	清乾隆10年	角頭廟
興化里	莊德佛堂	觀音佛祖	清乾隆60年	齋堂
	莊德堂	釋迦牟尼佛	清光緒32年	齋堂
	武澤宮（舊）	許府三千歲	民國35年	角頭廟
	武澤宮（新）	許府三千歲	民國61年	角頭廟
菜園里	紫極殿	上帝公	清光緒12年	角頭廟
	順義宮	順府王爺	清道光11年	角頭廟
龍山里	龍山寺	觀音佛祖	明萬曆7年	閤港廟
	鳳山寺	廣澤尊王	清乾隆45年	角頭廟
	金門館	蘇府王爺	清乾隆52年	人群廟
	安南宮	吳府千歲	民國37年	角頭廟
街尾里	文祠	孔子、文昌帝君	清嘉慶11年	閤港廟
	武廟	關聖帝君	清嘉慶16年	閤港廟
	地藏王廟	地藏王普薩	清嘉慶19年	閤港廟
	文德宮	溫府王爺	清雍正8年	角頭廟
	護安宮	吳府王爺	清光緒6年	角頭廟
	官林宮	朱府王爺	民國70年	角頭廟
	順天府	五府王爺	民國69年	角頭廟
說明	閤港廟，指居住在這個地方的居民所信仰的廟宇，如天后宮、龍山寺等，廟宇的規模相對也較宏偉。 人群廟，指特定移民人群所祭祀的廟宇，有時也會發揮同鄉會館的功能，例如金門館、三山國王廟等。 角頭廟，指由角頭內居民共同興建祭祀的公廟，廟宇眾多，祭祀族群的地域性也較強，如鳳山寺、玉渠宮等，但財力有限，廟宇的規模也較小。 宗族廟，指某一姓氏、族人為其崇信的神明而建的廟宇，如施姓的真如殿等。 齋堂，泛指不吃暈的齋友所崇信的民間教派舉行法會的場所（菜堂、佛堂），如莊德堂。			

里別	寺廟名稱	主祀神	建廟年代	類屬
參考 資料	許志茂文（1969），《鹿港發展論集：萬神福地的鹿港》，自印。 楊鸞鈴編（1973），《鹿港寺廟概論》，自印。 卓神保撰著（1984），《鹿港寺廟大全》，財團法人鹿港文教基金會印行。 台灣省文獻委員會編印（1999），《彰化縣鄉土史料》。 丁玉書著（2006），《勿忘草‧鹿港》，自印。 林志雄撰稿（2009），《神遊鹿港──寺廟傳奇》，鹿港鎮公所編印。			

製表：林專

鎮安宮招牌　鹿港中山路53號的古廟，廟門前以「泉州鎮安宮」為名，因清康熙年間由施姓先民自泉州恭迎李府王爺金身到鹿港奉祀而得名（攝影：丁志達，2014）

五、鹿港神明聖誕（農曆）祭祀圈

你拜我也拜，大拜拜，小拜拜；上元拜，中元拜，迷信真厲害。

正月拜，五月拜，無請自己來；愛排場，來拜拜，當衫當褲不應該。

新年拜，舊年拜，無事也拜拜；清明拜，冬至拜，實在真無藥。

七月拜，八月拜，無錢也要拜；無錢拜，借錢拜，當盡開盡跳落海。

有影拜，無影拜，勞神兼傷財；著要拜，不免拜，誠心神就知。

有錢人，不免拜，神仙不會愛。

——拜拜謠（台語讀音）

月	日	神明	寺廟（祭祀圈）
正月正，牽新娘，出大廳。			——歲時歌
正月	初九	天公	泉州籍居民
	十三	關夫子	武廟（街尾）、南靖宮（埔頭街）
	十五	天公	漳州籍居民
		都天元帥	埔頭角民宅
二月二，土地公，搬老戲。			——歲時歌
二月	初二	土地公（頭牙）	福德宮（山寮、溝墘）、福德祠（三條巷）
	十九	觀世音普薩	龍山寺（金門街）、鰲亭宮（中山路）、莊德堂（興化里）

月	日	神明	寺廟（祭祀圈）
三月三，桃仔李仔，雙頭擔。 ——歲時歌			
三月	初三	上帝公	真如殿（九間厝）、乾清宮（崙仔頂）、集英宮（泉州街）、順義宮（頂菜園）、紫極殿（頂菜園）
	十五	三山國王	三山國王廟（中山路）
	二十	註生娘娘	龍山寺（金門街）、天后宮（中山路）
	廿三	天上聖母	天后宮（中山路）、新祖宮（埔頭街）、興化宮（興化巷）、慈后宮（廖厝）、慶安宮（草中里）
四月四，桃仔來，李仔去。 ——歲時歌			
四月	初四	棉襖媽	慶安宮（草中里）
	初七	三太子	天后宮、興化宮（興化巷）、賜福宮（安平鎮）
	初八	釋迦牟尼佛	龍山寺（金門街）、鰲亭宮（中山路）、莊德堂（興化里）
	十二	蘇府王爺	奉天宮（中山路）、金門館（金門街）、景靈宮（牛墟頭）、洽義堂（新宮里）、萬春宮（鳳山寺）
	廿六	李府王爺	東興宮（東石里）、泰安宮（低厝仔）、護福宮（田仔墘）、五府王爺廟（後寮仔）
		朱王爺	海埔里竹圍仔
	廿八	大眾爺	小本宮（德興街與三民路界）
五月五，龍船鼓，滿街路。 ——歲時歌			
五月	初四	三光爺	詔安里竹圍內民宅
	十三	關帝爺	忠義廟（北頭）、武廟（青雲路）、南靖宮（埔頭街）
	十六	黃府王爺	真如殿（九間厝）
	十八	韋府王爺	復興宮（海浴路）
	二十	楊天帥爺	景靈宮（牛墟頭）
	廿七	大眾爺	威靈宮（車圍）
	廿八	城隍爺	鰲亭宮（中山路）
		吳府王爺	安南宮（美市街）

月	日	神明	寺廟（祭祀圈）
六月六，做田人，打碌碡（犁土用農具）。 ——歲時歌				
六月	初一	陳靖姑夫人	臨水宮（宮後）
		順府王爺	順義宮（頂菜園）
	初五	丁王爺	景靈宮（牛墟頭）
		池王爺	玉渠宮（車埕）
	十三	什三王爺	潤澤宮（後宅）
	十四	李府王爺	集英宮（泉州街）
	十五	蘇三王夫人	景靈宮（牛墟頭）
		吳王夫人	護安宮（街尾）
		夫人媽	頭崙埔民宅
	十六	田都元帥	玉渠宮（車埕）
	十八	李殿王	潤澤宮（後宅）
		武潘王	賜福宮（安平鎮）、吳厝庄吳宅
		李大王	興化巷民宅
		池王爺	慶安宮（海墘厝）
	十九	觀世音普薩	龍山寺（金門街）、鰲亭宮（中山路）、都天府（客雅庄）、莊德堂（興化里）
	二十	閻府王爺	詔安里牛埔庄民宅
	廿一	馬府王爺	廖厝里學仔庄
	廿二	尤王爺	海埔厝顏厝庄
	廿四	關聖帝君	武廟（青雲路）、南靖宮（埔頭街）、忠義廟（郭厝里）、協贊堂（泰興街）、南天宮（海埔里）、武聖宮（永安里）
七月七，芋仔蕃薯，全全劈。 ——歲時歌				
七月～八月	七月初一至八月初三各角頭輪流普渡	七月初一放水燈／初二普王宮／初三米市街／初四文武廟／初五城隍廟／初六土城／初七七娘媽生／初八新宮邊／初九興化宮口／初十港底／十一菜園／十二龍山寺／十三衙門／十四餓鬼埕／十五舊宮／十六東石／十七郭厝／十八營盤地／十九杉行街／二十後寮仔／廿一後車路／廿二船仔頭／廿三街尾／廿四宮後／廿五許厝埔／廿六牛墟頭／廿七安平鎮／廿八泊仔寮／廿九泉州街／三十通港普／八月初一龜粿店／初二米粉寮／初三乞食寮		

月	日	神明	寺廟（祭祀圈）
八月八，牽豆藤，挽豆莢。　　　　　　　　　　　　　　　　——歲時歌			
八月	十四	都天元帥	長安宮（新厝）
	十五	福德正神	福德祠（三條巷）、景靈宮（景福巷）、威靈廟（菜園）、護安宮（街尾）
		三王爺	集英宮（泉州街）
	十八	曹王爺	詔安里田洋仔庄
	二十	李王爺	順天府（竹圍仔）
	廿二	廣澤尊王	鳳山寺（德興街）、聖王廟（民族路）
		郭相公	保安宮（郭厝）、長安宮（新厝）
		吳府王爺	護安宮（街尾）
九月九，風箏馬馬哮。　　　　　　　　　　　　　　　　　　——歲時歌			
九月	初七	中壇元帥	賜福宮（安平鎮）、興化宮（興化巷）、拱辰宮（許厝埔）
	初九	媽祖飛昇	天后宮（中山路）、新祖宮（埔頭街）、興化宮（興化巷）
	十一	元帥公	東聖宮（崎溝仔）
		張飛爺	詔安厝張姓居民
	十五	朱（文昌）王爺	文祠、港底民宅
	十六	朱王爺	官林廟（地藏廟口）、東勢寮民宅
	十九	觀音佛祖出家	龍山寺（金門街）、鰲亭宮（中山路）
	廿三	李府王爺	鎮安宮（板店街）
	廿四	馬府王爺	長安宮（新厝）
	廿六	黃府王爺	南泉宮（埔頭）
	三十	藥師佛祖	龍山寺（金門街）
十月十，三界公，來鑒納。　　　　　　　　　　　　　　　　——歲時歌			
十月	初五	蘇府王爺	金門館（金門街）
	十四	薛府王爺	永安宮（營盤地）
		水僊（仙）王	天后宮（中山路）
	十五	水官大帝	天后宮（中山路）、新祖宮（埔頭街）、興化宮（興化巷）、三山國王廟（中山路）
	廿九	許府三王爺	武澤宮（杉行街）、武勝宮（魚池底）

月	日	神明	寺廟（祭祀圈）
十一月，挨（磨）圓仔粹。			——歲時歌
十一	十一	普庵祖師	南泉宮（埔頭街）
	十七	阿彌陀佛	龍山寺（金門街）
	廿八	白夫人媽	集英宮（泉州街）
十二月，賣噴春花。			——歲時歌
十二	十六	福德正神	各角頭福德祠（尾牙）

參考資料：丁玉書著（2006），《勿忘草・鹿港》，自印。製表：林專。

曬香 製香業是一個靠天吃飯的行業。手工製香需經過浸、滾、曬三個環節，才能製作出最上乘的香（攝影：丁志達，1980年代）

六、鹿港美食何處尋

糕餅類

店名	地址（鹿港鎮）	店名	地址（鹿港鎮）
鄭玉珍	金門街70巷7號	銘芳齋	中山路435號
鼎泰興商行	中山路26號	御品齋	中山路439號
龍山手工痲糬	中山路72號	美香珍餅行	中山路441號
鄭興珍餅舖	中山路153號	盛翔隆本店	中山路442號
朝和餅舖	民族路167號	永芳餅舖	中山路443號
玉珍齋	民族路168號	玉珍齋	中山路444號
錦興餅舖	中山路371號	玉津香餅舖	民生路30號
丁師傅痲糬	中山路376號	阿國師喜餅	民生路37號
盛翔隆	中山路414號	鳳珍餅舖	民生路42號
松本坊	中山路417號	玉香珍餅舖	民生路58號
九龍齋	中山路419號	鄭玉珍	埔頭街23號
長興餅舖	中山路431號	鹿港阿婆痲糬舖	安平巷63號

肉包類

店名	地址（鹿港鎮）	店名	地址（鹿港鎮）
老龍師肉包	中山路31號	老成珍肉包	中山路393號
阿振肉包	中山路71號	巧味珍肉包	中山路406號
玉津香肉包	中山路109號	古早味香菇肉包	民生路38號

麵茶類

店名	地址（鹿港鎮）	店名	地址（鹿港鎮）
阿振麵茶	龍山街99號	怡古齋麵茶	埔頭街6號
東華麵茶	中山路409號	彥仲麵茶	埔頭街42號

第一市場市集

店名	地址（鹿港鎮）	店名	地址（鹿港鎮）
楊州肉圓	第一市場前	老師傅鴨肉羹	民族路159號
林家肉圓		生炒五味	民族路171號
龍山魷魚羹		龍山麵線糊	民族路193號
老泉豬血湯		肉羹泉魷魚羹	公園路一路41號
蔡澤記水晶餃		王罔麵線糊	肉羹泉隔壁

天后宮小吃市集

店名	地址（鹿港鎮）	店名	地址（鹿港鎮）
珍味香魷魚	中山路361號	來來海鮮	中山路440號
阿南師蚵仔煎	中山路401號	好口味蚵仔煎	中山路447號
阿明師蚵仔煎	中山路408號	廟口第一家	後寮巷90號
臻巧味蚵仔煎	中山路410號	鵬師小丸子湯	民生路25號前
吳益興蚵仔煎	中山路432號	三姊妹蚵仔煎	民生路28號
米老鼠蚵仔煎	中山路432號之一	海珍蚵仔煎	民生路40號
洪海產蚵仔煎	中山路434號	王記芋丸	民生路50號
西海岸海產	中山路436號	輝鴻蚵仔煎	民生路53號
青蚵海產	中山路438號	素珠芋丸	民生路68號

其他類

店名	地址（鹿港鎮）	店名	地址（鹿港鎮）
永香民俗小吃	金門巷55號	林明堂素食麵	介壽路66號
亞永師蝦丸	彰鹿路8段69號	利興烏魚子	鹿港第一市場
黑點肉粽	彰鹿路8段116號	再記烏魚子	埔頭街10號

資料來源：陳仕賢撰稿（2014），《鹿港美食導覽》文宣。製表：林專。

七、鹿港活字典丁玉書

　　丁玉書（1915～2007），字頑石，為鹿港丁協源後代。丁協源為清代鹿港郊商及進士之家，丁玉書受家族及鹿港文風影響，深具漢學基礎，其一生見證了鹿港日據至戰後的發展，是保留鹿港傳統文化內涵的代表人。

　　大正十一年（1922）進入鹿港公學校就讀，昭和四年（1929）高等科畢業後考入臺中一中就讀，昭和九年（1934）年臺中一中畢業；昭和十一年（1936）進入鹿港街役場任職雇員，歷經勸業股、財務股之工作，因熟悉稅務且辦理得宜，於昭和十四年（1939）年升為鹿港街書記，於大東亞戰爭時進行租稅改革，昭和十七年（1942）升為財務股主任，隔年更名為稅務係係長。

　　終戰之後，於民國三十五年（1946）任鹿港鎮財政課長，直至民國六十九年（1980）退休，總計服公職達四十四年，任

鹿港財政課長丁玉書（提供／丁志申）

職期內力爭鹿港漁港建設經費，力保鹿港鎮產，輔助鹿港中學興建，並主持戰後的稅務改正。

　　由於多年經辦地方財政，深入瞭解鹿港各行各業的動態與興衰，他還擔任鹿港鎮調解委員，並處理丁家祭祀問題，退休後參與天后宮文書工作整理及擔任龍山寺管理委員會秘書長，有「鹿港活字典」之稱。

　　1992年移居台北，但仍指導學者及文史工作者有關鹿港古蹟保存、文化資產，乃至丁家家族史的研究工作，其一生保有鹿港文人之風骨，對台灣文化的保留貢獻良多，著有《憶起鹿港普渡》、《勿忘草‧鹿港》等文集。

【註：李昭容文，《2007台灣資產文化保護年鑑玖、年度記事——鹿港活字典：丁玉書小傳》，頁660】

丁玉書新聞報導（提供／丁志申）

八、鹿港囝仔的精采人生

　　不要走父母的路；不要走長輩的路；不要走師長的路；不要走朋友的路；寧可走自己的路。

——《地糧》‧紀德

民國	人生大事記
34	丁志達粉墨登場（1月18日） 盟軍B-29轟炸機投下500磅炸彈於宮后崎仔腳（1月25日） 台灣光復（10月25日）
40	鹿港國校（就讀）
46	彰化中學（就讀）
49	鹿港高中（就讀）
為學正如撐上水船，一篙不可放緩。　　　　　　　　——宋‧朱熹	
53	輔仁大學歷史學系（就讀）
56	發表〈劉知幾與史通〉（史苑） 發表〈清代史學家兼思想家章實齋〉（輔大新聞）
57	發表〈中日關係史上的一頁：談日人阿倍仲麻呂的仕唐〉（史苑） 海軍陸戰隊預官（駐守東沙島）
黃樹林裡分叉兩條路，只可惜我不能都踏行，我，單獨的旅人，佇立良久，極目眺望一條路的盡頭，看它隱沒在林叢深處。於是我選擇了另一條路，一樣平直，也許更值得。　　　——〈沒有走過的路〉‧弗洛斯特	
58	東成機械公司（日商東芝TOSHIBA）
61	環宇電子公司（美商ITT電訊公司）

民國	人生大事記
63	西電公司（美商西屋Westinghouse家電）
65	華王電子公司（日立HITACHI家電） 敬業電子公司
69	安達電子公司（義大利商） 「年節尋根」專欄主筆（中國時報）
71	台灣國際標準電子公司（法商Alcatel電信）
75	第四屆中華民國射箭協會監事

中年最是尷尬。天沒亮就睡不著的年齡。只會感慨不會感動的年齡。只有哀愁沒有憤怒的年齡。　　　　　　　　　——〈中年是下午茶〉・董橋

| 79 | 第五屆中華民國射箭協會監事 |

中年就像一位風塵中的流浪者，不敢瞻望茫茫的前途，也不敢回頭淒涼的過去，只想乘天色未變的時候，及早投宿。　　　　　　——拜爾

81	亞洲阿爾卡特（Alcatel）技術服務公司廣州辦事處
82	亞洲阿爾卡特技術服務公司福州／南京辦事處
83	瀋陽阿爾卡特電訊有限公司 福建阿爾卡特通訊技術有限公司 亞洲阿爾卡特技術服務公司南昌辦事處 杭州阿爾卡特通訊系統有限公司
84	亞洲阿爾卡特技術服務公司上海辦事處 上海阿爾卡特網路支援系統有限公司
85	《大陸勞動人事管理實務手冊》出版
86	台北縣政府模範勞工 政治大學企研所企業經理班結業
87	智捷科技公司（新竹科學園區） 《一步一腳印》作品集（自印／未出版） 中華企業管理發展中心講師

民國	人生大事記
當你歡樂的時候，抬頭看看雲吧！雲彩變幻莫測，告訴你：人生短暫，歡樂要把握。當你愁苦的時候，抬頭看看雲吧！雲彩千變萬化，告訴你：再大的苦惱與悲愁，也會消逝得無影無蹤。　　　——〈堅強的走下去〉	
89	《一枝草一點露》作品集（自印／未出版） 中華企業管理發展中心首席顧問
90	《裁員風暴：企業與員工的保命聖經》出版 精策管理管理顧問公司專案顧問
91	《職場兵法》出版（簡體字） 安徽省煙草專賣局人資制度規劃
92	《績效管理》出版
前半夜想想別人，後半夜想想自己。　　　——清・紅頂商人胡雪巖	
94	《人力資源管理》（第一版）出版 中國生產力中心講師
95	《薪酬管理》（第一版）出版 共好管理顧問公司諮詢管理顧問 東吳大學專題演講
對酒當歌，人生幾何？譬如朝露，去日苦多。　　　——〈短歌行〉・曹操	
97	《招募管理》出版 人力創新獎評審委員 重慶共好管理顧問公司特約講師
人生在世，上半世比高——學歷、地位、收入；下半世比低——血壓、血脂、血糖。	
98	《培訓管理》出版 人力創新獎評審委員 正航軟件以「兩岸人力資源管理泰斗」頭銜邀約在大陸地區巡迴演講 漢邦企業管理顧問公司講師 中華人力資源協會講師 彰化縣鹿港鎮公所頒發感謝狀，獎勵捐贈鹿港文物

民國	人生大事記
99	國家人力創新獎委員 台灣科學園區科學公業同業公會講師 中華民國勞資關係協進會講師 收藏的神像贈予鹿港龍山寺及薛府王爺宮供奉
100	《勞資管理》出版 國家人力創新獎評審委員 國立政治大學商學院專題演講 財團法人中華工商研究院講師 「中國民生銀行重慶分行」第三期智慧講座
101	《人力資源管理診斷》出版 《學會管理的36堂必修課》出版 《人力資源管理》（第二版）出版 國立政治大學商學院專題演講
102	《企業倫理》出版 TTQS（台灣訓練品質系統）輔導顧問／TTQS教育訓練講師 TTQS人資管理電子書修纂主筆 中華人事主管協會講師 國立政治大學社科院／商學院專題演講
103	國立政治大學社科院專題演講（3月） 《古厝斜陽憶鹿港》出版

人生在世，幼時認為什麼都不懂，大學時以為什麼都懂，畢業後才知道什麼都不懂，中年又以為什麼都懂，到晚年才覺悟一切都不懂。

——林語堂

撰稿：丁志達

海軍陸戰隊預官　民國五十七年七月作者入伍當兵，駐守東沙島，民國五十八年退伍後到北部謀生，變成了一位「鹿僑」，跟鹿港家鄉人、事、物漸行漸遠，成為「無根」可依的一位漂泊過客（提供：丁志達，1968/10/15）

浪得虛名　民國九十八年作者獲邀到大陸地區巡迴演講，主辦單位以「兩岸人力資源管理泰斗」榮銜加諸於個人身上，出道已滿四十年的作者，終於在彼岸的「人力資源管理」領域上獲得肯定（提供：丁志達，2009）

智慧講堂講座 2011年作者獲邀至中國民生銀行重慶分行
爲各分行的行長做爲期二天的教育訓練（提供：丁志達，
2011）

大陸媒體專訪 2009年作者在廈門的演講會場上，接受
當地媒體記者（電視台與平面媒體）的訪問（提供：丁志
達，2009）

55號驛站！職場下車，人生出航

林　專

　　民國六十三年的八月下旬，二十八歲的我，帶著重慶國中首任校長馬宗雲的聘書，從鹿港坐車來到板橋。第一次來板橋，記得當天板橋下著雨，在車站附近東問西找，好不容易才走到設在後埔國小後門一隅的重慶國中籌備處。九月開學，重慶國中借用後埔國小的教室上課，現今「巍峨聳立」、「美侖美奐」的重慶國中校舍，在當年仍是一片綠油油的稻田，更無法想像二十七年後的今天，牆外黃昏市場熙熙攘攘的人群與吆喝的叫賣聲，經常掩蓋著靠牆邊教室上課老師的「諄諄教誨」聲。

　　當人事主任通知我退休核准公文已下來，需要填寫曾在各校服務過的每一筆資料，溪湖國中二年，鹿港國中一年，重慶國中二十七年，三地三校伴我一生的職涯三十一年，想不到原先陌生的板橋，卻讓我「青春年華」的大半輩子在此「易容」，也在此畫下教職的「終點站」。也許是「緣份」，也許是歷年來長官與同事的「照顧」與「濃厚人情味」，從「坐二想三」、「坐三觀四」到「坐五望六」，人生一路走來，在教職上沒有遇到大風大浪，平平穩穩的來去「重慶」二十七年。在這離職的前夕，對所有幫助過我的長官、同事與好友，說聲誠摯的「謝謝」。

　　在重慶國中，個人除了謀得一份教職工作外，我的二位

兒女的國中教育也在此地接受過許多敬愛的師長、叔叔、阿姨
的「春風化雨」般之關照與教導,所以我也是「重慶國中的
家長」。重慶國中在歷屆暨現任校長無私奉獻的辦學精神與每
位老師的敬業樂群教誨學子下,從創校迄今,在海山地區(板
橋、土城、三鶯)各公立國中的升學率與優良校風評比下,本
校始終名列前茅,身為重慶國中工作群的一員,與有榮焉,也
更感謝照顧過我家小孩的老師與同事,並致最高的「謝意」與
「敬意」。

我的小孩偶爾還會調侃我說:「媽!你是不是還在教學生
從廣州到北平要搭換幾次的鐵路線才能到達目的地?」三十一
年的教員職涯,在「地理學」這門課程中打轉,雖然也利用寒
暑假到國外旅遊,但總是來去匆匆。如今可以真正放下「地理
書本」,無拘無束的去印證「書上談圖」的蹤跡,從「理論」
開始走進「實務」,也許這是退職後最想一步一步去實現的美
夢,許我健康,美夢將成真,也祝福大家健康,一起「逗陣」
來「迌迌」。

在重慶國中,想到每週定時能與天真、可愛、無邪,但又
調皮、煩人的國家未來「主人翁」的互動,有快樂、有生氣,
以及跟著學有精專的同事共同切磋在授課上學生發問且待解決
的「疑難雜症」,讓自己不會「食古不化」,在這樣「美好環
境」工作了二十七年即要離開,真是有點依依不捨之情,但天
下無不散的筵席,趁自己還能「行動自如」的歲月,好好去做
自己以前「許願」想做但沒有實現的事,此時此刻,該是「還
願」的時候。

55號的驛站到了!坐在這班「教育列車」三十一年的乘

客與服務生的我，該下車轉站了！在自己轉換另一航程的「虛擬月台」上，謹向繼續奔向未來光明前景的「重慶國中師生號教育專車」上的長官、老師、同事、同學揮揮手，互道珍重再見！

　　祝福大家
　　身體健康
　　快樂出航

資料來源：林專，《台北縣重慶國中教師會會刊》，第五期，2001年1月，
　　　　　頁10～11。

職務婦女真辛苦　上班教書，下班煮飯，晚上陪兩個孩子做功課，假日帶小孩學才藝，一旦孩子長大，男婚女嫁，無語問蒼天，為誰辛苦為誰忙？（提供：林專，左一，1982）

校外教學 在教學上，爲了使中學生能夠體驗台灣各地先民留下的古蹟文物，辦理校外教學是很有意義的，但如果發生「車禍」、「食物中毒」，老師可能會有丟「鐵飯碗」的風險（提供：林專，第二排左一，1980）

開明的種田人 福興鄉三汴村是「林家」聚落，以耕田、養豬爲生，林金販（左二）、林阿滿（右二）在上世紀五〇年代，田庄人不重男輕女，讓女兒念大學，思想眞先進（提供：林專，右一，2000）

參考書目

書籍

丁玉書著，丁志申編輯（2006），《勿忘草·鹿港》，自印。

丁瑞鈌（1986），《懷恩感舊錄》，自印。

MOOK編輯室（2007），《吃小吃：十大人氣市集150道必點小吃》，墨刻出版。

尤增輝（1979），《鹿港斜陽》，大漢出版社。

心岱（2006），《百年繁華最鹿港》，西遊記文化出版。

王康壽、洪春生（2012），《鹿港小巷之美》，彰化縣鹿港鎮公所出版。

安倍明義（1937），《台灣地名研究》，武陵出版（1987）。

吳延環（1979），《三十六孝》，黎明文化事業出版。

吳瀛濤（2000），《台灣民俗》，眾文圖書出版。

李昭容（2002），《鹿港丁家大宅之研究》，左羊出版社出版。

李昭容（2010），《鹿港丁家大宅》，晨星出版。

李鎮岩（1999），《鹿港》，太雅生活館出版。

周璽，《彰化縣志》，台灣銀行經濟研究室編印出版（1957）。

邱秀芷（1986），《一步一腳印：二鹿滄桑》，行政院文化建設委員會編印。

邱孟冬（1995），《鹿港民俗文物》，歷史博物館出版。

施文炳主編（1986），《文開詩社集》，中國詩文之友雜誌社。

施文炳（2000），《台灣末代傳統文人：施文炳詩文集》，晨星出版。

施信民主編（2006），《台灣環保運動史料彙編（一）》，國史館出版。

施翠峰（1976），《思古幽情集（第二冊）》，時報文化出版。

洪炎秋（1966），《又來廢話》，中央書局發行。

洪炎秋（1974），《廢人廢話》，中央書局出版。

洪炎秋（1977），《老人老話》，中央書局發行。

張典婉（1996），《鹿港阿媽與施振榮》，張老師文化事業出版。

張尊禎（2004），《台灣老字號》，上旗文化出版。

莊永明（1989），《台灣紀事──台灣歷史上的今天》，時報文化出版。

莊展鵬（1992），《鹿港》，遠流出版。

許漢卿（1997），《鹿港傳奇》，左羊出版社出版。

許漢卿編集（1973），《鹿港鄉土民謠》，自印。

陳一仁（2004），《鹿港文史采風》，鹿江文化藝術基金會出版。

陳丁清霜（2010），《我與我的母親》，趨勢教育基金會出版。

陳仕賢（2007），《鹿港歷史散步：鹿港文化資產導覽手冊》，鹿水文史工作室出版。

陳仕賢（2008），《鹿港老照片：1930年代鹿港不見天街影像集》，鹿水文史工作室出版。

陳志成（2011），《日茂行》，彰化縣文化局出版。

陳志成（2011），《鹿港丁家古厝》，彰化縣文化局出版。

陳志成（2011），《鹿港山寺》，彰化縣文化局出版。

陳逸雄編著（1997），《陳虛谷作品集（上冊）》，彰化縣政府編印。

壹週刊美食旅遊組（2009），《2009美食壹之選》，四塊玉出版。

曾建民編著（2005），《1945光復心聲：台灣光復詩文集》，INK印刻出版。

曾慶國（1999），《彰化縣三山國王廟》，台灣省文獻委員會發行。

黃柏勳（1997），《鹿港》，三久出版。

葉大沛（1997），《鹿港發展史》，左羊出版社出版。

葉榮鐘（1965），《半路出家集》，中央書局發行。

葉榮鐘（1967），《小屋大車集》，中央書局發行。

蔡懋棠（1980），《台灣語言民俗雜俎》，台灣風物雜誌社。

衛惠林、何聯奎（1976），《台灣風土誌》，台灣中華書局。

錦繡台灣編輯委員會編輯（1979），《錦繡台灣8：鹿港》，地球出版社出版。

雜誌文章

丁志達（1980），〈冬至大似年　闔家吃湯圓〉，《中國時報》（1980/12）。

丁志達（1980），〈台灣臘月習俗談〉，《家庭月刊》（1980/2）。

丁志達（1980），〈目連救母與鬼節〉，《中國時報》（1980/8/24）。

丁志達（1980），〈春聯〉，《台灣國際標準電子季刊》（1983/2）。

丁志達（1980），〈農曆七月拜拜的季節〉，《家庭月刊》（1980/8）。

丁志達（1982），〈清明・掃墓・踏青〉，《台灣國際標準電子季刊》（1982/5）。

丁志達（1982），〈龍山寺是藝術寶殿〉，《家庭月刊》（1982/6）。

丁志達（1984），〈中元普渡：值七月誰來晚餐？〉，《工廠之友》（1984/8/31）。

丁志達（1984），〈鹿港媽祖回娘家〉，《工廠之友》（1984/7/19）。

丁志達（1987），〈打鑼打鼓娶新娘〉，《台灣月刊》，第51期（1987/3）。

丁志達（1987），〈鹿港印象〉，《台灣畫刊》（1987/8）。

丁桐志整理，〈吉祥鳥的故事〉，丁氏祠堂陳埭回族史館資料。

方豪（1972），〈鹿港之郊〉，《現代學苑》，第9卷第3期。

何金鑄（1975），〈鹿港興衰之地理研究〉，《文藝復興》，第64期。

李俊德（1999），〈88年文化節──中部山明水秀文化情：鹿港新語／鹿港商港的邂逅、鹿港空間系列活動〉，台灣省立彰化社教館編印。

李昭容（2001），〈鹿港丁家的發展史〉，《彰化文獻》，第三期，彰化縣政府文化局編印（2001/12）。

林明裕（1983），〈大快朵頤系列：鹿港海產別有特色〉，《民生報》（1983/11/22）。

林明德，《2007年彰化縣研究學術研討會──啓動彰化學論文：鹿港飲食人文思考》，彰化縣文化局出版。

施再滿（1978），〈鹿港小吃〉，《戶外生活雜誌》，第28期（1978/11）。

施翠峰（1978），〈台灣民間的春聯〉，《中國地方自治》，第30卷第9期（1978/1/15）。

段慧琳（2012），〈假如你來到鹿港小鎮〉，《聯合報》（2012/9/20）。

祝家琦（2012），〈鹿港小鎮巷子裡的美食〉，《看雜誌》，第126期（2012/11/22）。

張炳楠（1968），〈鹿港開發史〉，《台灣文獻》，第19期（1-44頁）。

張曉明（2013），〈晉江陳埭丁氏宗祠：回漢文化融合的象徵〉，《泉州晚報》（2013/9/12）。

梁實秋（1983），〈雅舍談吃〉，《聯合報》（1983/1/22）。

莊研育（2013），〈公普與私普：鹿港獨特的普渡系統〉，《傳藝雜誌》，第106期。

陳仕賢（2008），《2008年彰化研究學術研討會──媽祖信仰國際研究論文集》，彰化縣文化局出版。

陳威廷（2008），〈鹿港威靈廟　管陰也管陽〉，《聯合報》（2008/8/29）。

陳建彰（2006），〈假如你先生回到鹿港小鎮 請問你是否看見環保

的鬥士：趕杜邦二十年，重聚鹿港〉，《新新聞》，第999期（2006/4/27）。

陳柔縉（2006），〈鳳冠霞帔被雪白婚紗打敗了〉，《新新聞》，第1000期（2006/5/4）。

楊小萍（1982），〈有時星光 有時月光：鹿港古鎮的今與昔〉，《光華雜誌》，1982年11月號。

楊惠娥（1979），〈聲幽藝揚在鹿港〉，《光華雜誌》，1979年7月號。

楚懷朋（1981），〈我們的古蹟：從家鄉帶來了神祇〉，《漢聲雜誌》，第9期。

董成瑜（1999），〈人物專訪：辜顏碧霞《流》今日始得世人知〉，《中國時報》（1999/4/19）。

漢寶德等人（1977），鹿港古老風貌調查研究發展計畫。

澗南（2012），〈天下媽祖〉，《海峽畫報》，創刊號。

編輯部（1981），〈我們的古蹟：誰來維護您〉，《漢聲雜誌》，第10期。

鄭浩（1988），〈貳鹿：尋訪三邑人建立的文風和民俗生活〉，《漢聲雜誌》，第16期。

網路文章

丁瑞彬墨寶鹿港鎮史館重現（2009），網址：http://tw.myblog.yahoo.com/tamters-82093/article?mid=-2&prev=1104&l=a&fid=7

吳美琪（2011），〈台灣彰投地區城隍廟研究──匾聯析義〉，網址：http://etd.yuntech.edu.tw/dmdocuments/etd-0705111-142707.pdf

呂明純，日據時期女性作家之自我呈現──以辜顏碧霞、楊千鶴為主要討論，中國女性文學研究室網址：http://studentclub.tku.edu.tw/~tkuwl/letter01.htm

呂興忠，〈玫瑰與鐵蒺藜──丁韻仙水彩畫及她的一生〉，賴和文教基金會：http://www.laiho.org.tw/index.php?option=com_content&task=view&id=47&Itemid=76

從「鹿港小鎮」談起，網址：http://blog.roodo.com/honeypie/archives/4312691.html

鹿溪竹枝詞──大冶詩卷（崇晉書法社重抄稿），網址：http://home.educities.edu.tw/bise/big5/books/zhuzhi/zhuzhi.htm

彰化縣古蹟暨歷史建築資訊網：http://mus.bocach.gov.tw/index.jsp?ind=9&id=36